Relaciones *Desnudas* Vol. I

Coaching Afectivo para el Éxito y La Felicidad

Dr. Roch

(José Gerardo González Rocha Ph.D.)

Título: Relaciones Desnudas Vol. I

Sub-título: Coaching afectivo para el éxito y la felicidad

ISBN # **978-1-955201-01-8**

Para cualquier solicitud, escribe a: admon@directoconsultores.mx

Sitio Web: www.drroch.mx

Whatsapp: +52 (477) 799 6718

Búscame como drrochoficial en cualquiera de mis redes sociales:
Facebook, YouTube, Instagram, twitter, spotyfy, tik tok, linkedin, iTunes, audible, kindel, Amazon y barnes and noble.

Segunda Edición

Impreso en USA

Acerca del Autor

José Gerardo González Rocha, mejor conocido como Dr. Roch, es conferencista y escritor, Ph. D. en Comportamiento Organizacional y Humano en Newport University y M. Sc. en Desarrollo Organizacional, certificado como Miembro Platinum de la Red Mundial de Conferencistas en Alemania.

Por más de 30 años se ha dedicado a entrenar personas y organizaciones a fin de fortalecerlas de acuerdo a las exigencias que han tenido que afrontar en su camino hacia el éxito.

Imparte su innovador método EBE (Ejecución Basada en Evidencia) en diversos cursos, seminarios y conferencias; actividades que comparte con su pasión por la magia profesional. Sobresalen sus investigaciones y evidencias de aplicación sobre la lectura de la Realidad con el Timo.

Entre sus obras figuran: La Magia de Los Negocios que no Quiebran, Reingeniería Personal, Caminos de la Creatividad y Fábrica de Estrellas.

Presentación

Gracias por asumir el reto de leer este libro. Te dedico cada letra, con todo el respeto que mereces como ser humano, y con la bendición de saber que vivimos en relación y estamos conectados.

Una sana relación con los demás requiere de una sana relación contigo mismo y con el **SER SABIO**. Yo también estoy desconcertado con esta vida que parece carecer de lógica, y que para abrirnos la puerta de sus secretos nos exige cultivarnos, experimentar el dolor, mirarnos con humildad...

Aunque buscamos lo mejor, no lo conseguimos fácilmente; tal vez en el intento de sacar adelante una relación, un proyecto o un negocio, has lastimado y te han lastimado; quizás has sido traicionado y te has sentido solo; seguramente la frustración y la desesperanza han hallado cabida en tu existencia.

Sé que no ha sido fácil, y que has luchado por ser feliz. Te invito a darte el beneficio de la duda: atrévete a intentar algo nuevo, y observa si tu realidad mejora como lo ha hecho la mía. Recuerda que, en este camino, tanto tú como yo habremos de fracasar una y otra vez, hasta tener éxito.

Introducción

En sus dos volúmenes, esta obra va a ayudarte a interpretar tu realidad, enseñándote cómo establecer vínculos significativos contigo mismo, con los demás, con el Universo y con tu dimensión espiritual, permitiéndote hacer oportunamente los ajustes necesarios para que puedas vivir en plenitud, ¡aquí y ahora!

Las Relaciones *Desnudas* son el resultado, y al mismo tiempo, la razón de una vida con sentido. Se ubican en el presente, y surgen después de haber superado la desesperanza, el complejo de inferioridad y el derrotismo; el odio, el temor y la culpa. La desnudez de la que hablamos se refiere a la transparencia del espíritu y la consciencia de que somos *Uno* con nuestros semejantes, con el Universo y con Dios.

Estos dos libros buscan mostrarte las múltiples dimensiones de las relaciones desnudas, para que te deshagas de lo que sobra y puedas descubrir su belleza y bondad, ocultas tras innumerables máscaras. Tú puedes rescatar tu esencia y unicidad, reconocer las de otros y establecer relaciones plenas.

Particularmente, en el **Volumen I de Relaciones Desnudas**, explicaré los conceptos que necesitas comprender para cambiar lo que no ha funcionado en tu vida. También comienzo a narrarte **El Viaje de Lourdes,** un relato que muestra el proceso de transición de una relación enmascarada, conflictiva, hacia otra transparente.

Ejecución Basada en Evidencia (EBE)

Lo que escribo aquí se basa en evidencias reales de lo que funciona y no funciona en las relaciones; es el resultado de mis estudios y experiencia de más de treinta años con empresas, equipos de fútbol, artistas, cantantes, políticos, familias, parejas y socios de aprendizaje empresarial, emocional y personal. La desnudez de la que hablamos aquí se refiere a la transparencia del Espíritu que permea todo desde la consciencia de que somos Uno con nuestros semejantes, con el Universo y con Dios.

En mis seminarios utilizo la Ejecución Basada en Evidencia: no me interesa que creas lo que digo; deseo que tengas pruebas concretas de lo que se consigue aplicando las ideas que comparto, extraídas de mi experiencia con la realidad.

A veces necesitamos ideas concretas para mejorar; pienso en mí mismo hace veinte años, y lo que hubiera deseado contar con un consejero práctico que me guiara. El refuerzo y la confirmación ayudan a actuar con mayor seguridad.

Puedes no estar de acuerdo con estos planteamientos; en ocasiones, mis alumnos se rebelan ante algunas ideas, pero está en ellos elegir si quieren tener la razón o si prefieren seguir aquello que se ha comprobado que funciona.

No importa si dudas de mis reflexiones; lo que vale aquí es que las pongas a prueba en tu vida cotidiana.

Conocer el punto de vista de alguien con quien no tienes una relación cercana evita que recurras a mecanismos de defensa; tal vez sea más sencillo leer aquí lo que tu pareja o amigos quisieran hacerte ver.

Escuchar de alguien más lo que ya sabes
te permite dar un giro fresco y seguro
a la forma de llevarlo a la realidad.

La vida es un enigma, pero la realidad es contundente; es necesario encontrar la verdad más allá de lo que nos dice la **MENTE QUE MIENTE,** esa voz que te repite que eres inocente, que todo lo has hecho bien, que no vale la pena luchar y que la vida da igual.

Estaré agradecido de que compartas conmigo los resultados que obtengas a través de mis recomendaciones, para así animar a más personas a implementarlas en sus vidas.

Estoy particularmente interesado en las cosas prácticas y reales: si una sola persona logra mejorar su existencia a través de las ideas aquí expresadas...

¡Mi propósito de vida estará satisfecho!

Capítulo 1

¿Por qué Relaciones Desnudas?

Lo que yo denomino "relaciones desnudas" es justamente lo opuesto a las relaciones enfermas que establecemos de forma automática en base a todos los condicionamientos y conductas nocivas de nuestra **Mente Que Miente**.

La desnudez de la que hablamos aquí se refiere a la transparencia del Espíritu que permea todo desde la consciencia de que somos Uno con nuestros semejantes, con el Universo y con Dios.

Si vives recordando el pasado o proyectando el futuro, nunca podrás establecer relaciones desnudas, ya que ellas se ubican en el presente, y son el resultado de haber superado la desesperanza, el complejo de inferioridad y el derrotismo; el odio, el temor y la culpa.

¿Eres de los que crees que "el amor es para siempre"? Entonces las relaciones desnudas no son para ti. Ellas no son estáticas, sino dinámicas, y que vivan o mueran va a depender de que las alimentes todos los días con vivencias y hábitos positivos que eleven tu frecuencia vibratoria.

Las relaciones desnudas son el resultado, y al mismo tiempo, la razón de una vida con sentido; todo lo que establezcas desde tu transparencia emocional va a impulsar tu bienestar y el de quienes te rodean, creando un círculo virtuoso infinito y expansivo.

Para poder consolidar relaciones desnudas que nos permitan expandirnos espiritualmente necesitamos una visión más realista de lo que significa "ser humano", con todas nuestras limitaciones y nuestras imperfecciones, pero también con una gran capacidad de sanar y restablecer nuestra armonía interior.

Una relación desnuda es la que puedes tener una vez que hayas restablecido en tu interior todos los circuitos y conexiones que los vaivenes de la vida han desajustado.

¡Atrévete a desnudarte
para reconectar con todo y con todos!

Todo es relación

En nuestro sentido más profundo, los seres humanos somos relación: estamos aquí como resultado de la relación amorosa entre nuestros padres; desde muy temprana edad nos relacionamos con nuestra madre, descubrimos el mundo que nos rodea, y a medida que crecimos fuimos profundizando en la relación con nosotros mismos, conociéndonos y asumiendo responsablemente este vínculo íntimo propio, punto de partida de cualquier otra relación.

En religión y filosofía se reconoce que, antes incluso que la relación con nuestros padres, está la relación con el Ser Supremo que nos amó primero y nos llamó a la existencia. Con ese Dios quedamos "religados" al nivel más profundo de nuestro ser; de ahí viene la palabra "religión", entendida a nivel ontológico, sea cual sea la fe que profeses.

Somos intrínsecamente "seres en relación", aunque el individualismo y los sistemas económicos sin responsabilidad social hayan ido desdibujando esta realidad.

Por haber ignorado nuestra naturaleza relacional es que vemos tanta injusticia social, soledad y abandono a nuestro alrededor. Esa misma ceguera hace que nuestras relaciones no siempre sean sanas, originarias y desnudas, sino contaminadas con nuestra visión superficial de la vida y el desorden con el que las establecemos.

Relacionarnos con los demás es vital para nuestra plenitud; sin embargo, cada vez tenemos más temor a generar conexiones. Para lograr el sueño de establecer relaciones duraderas necesitamos despojarnos de los velos que nos cubren, separan y ocultan. Para establecer vínculos firmes es necesario desnudar nuestros sentimientos, pero ese es un precio que no siempre estamos dispuestos a pagar.

Por supuesto que no compartimos nuestra desnudez con cualquiera; sin embargo, cuando existe el compromiso y la entrega, vale la pena despojarse de cualquier máscara o caparazón.

El amor enmascarado termina en ruptura; las relaciones cubiertas son débiles, frágiles, llenas de suposiciones, expectativas, apariencias, creencias, deseos, sueños e idealizaciones imposibles de sostener en el tiempo, porque no se corresponden con la realidad.

Si cubres tus sentimientos, los demás no podrán ver tus heridas y te lastimarán cada vez que te toquen; en cambio, si te desnudas de corazón, serás capaz de ser tú mismo, mostrándote tal cual eres. Identificar tus heridas te permitirá reconocer al mismo tiempo las heridas de los demás.

Consejos útiles para desnudarnos

Acéptate tal cual eres

♦ El abrigo es la prenda que cubre, protege y hasta esconde nuestra anatomía, manteniéndola a salvo de miradas indiscretas. También se asocia con viajes, salidas, despedidas... Aprende a saber cuándo realmente lo necesitas, y cuando es hora de quitártelo...

- Un grupo de adolescentes empezó a notar que cuando una chica regalaba a su novio un suéter, poco tiempo después terminaban. Llegaron a la conclusión de que, inconscientemente, los mandaban bien abrigados de vuelta a su casa.
- En una relación al desnudo, se ama a la persona como un todo, sin juzgarla o evaluarla en su sola corporeidad, ni forzarla a renegar de su fisonomía. Una pareja auténtica encontrará calor y protección en el abrazo desnudo de la entrega.
- Las mujeres que han sufrido acoso sexual, o que por tabúes miran la sexualidad con recelo, tienden a esconder sus curvas bajo montones de ropa o kilos de grasa.

Mirada diáfana

- Los anteojos son accesorios engañosos: nos ocultan ante los demás y alteran nuestra percepción de la realidad. Para establecer relaciones desnudas necesitamos mirarnos a los ojos sin obstáculos.
- Cuando una persona está en duelo y no quiere que noten que ha llorado, suele utilizar anteojos oscuros. Los demás no pueden leer su dolor, y por lo tanto, no le ofrecen la misma empatía que si dejara ver sus sentimientos.
- Las parejas evitan la mirada diáfana porque no quieren mostrarse vulnerables; tal vez sienten vergüenza de lo que les sucede, o desean evitar una conversación difícil y honesta.

- Sabemos que los ojos son el espejo del alma, pero detrás de unos vidrios polarizados se convierten más bien en callejones oscuros y sin salida.
- En una relación desnuda las personas se miran a los ojos, y nunca se cansan de la mirada del otro. Hay quienes usan anteojos con filtros de colores: los hay de color rosa, que pintan todo de optimismo pueril, y también los hay grises, que hacen ver la realidad apagada y triste. También están los que solo ven en blanco o negro; esos son los peores, porque te muestran la realidad como "todo o nada".

Una relación desnuda
necesita que nos miremos a los ojos
sin barreras que se interpongan.

- Usar lentes de aumento lleva a magnificar hasta el más mínimo defecto de las personas y las cosas; si te habitúas a enfocar tu atención en las contradicciones comunes de cada día, la vas a pasar muy mal.
- Tu felicidad no puede depender de las cosas que escapan de tu control; aprende a aceptar y celebrar los contratiempos como si hubiera sido idea tuya que ocurrieran. Deja espacio para el azar y aprende a valorarlo.
- Para ser objetivos y transparentes hay que tener la valentía de romper el cristal que nos aísla del mundo y nos impide vincularnos con los demás.

Manos desnudas

- Las manos son una parte extraordinaria del cuerpo, cruciales en el desarrollo del cerebro. La inteligencia se desarrolla, entre otras formas, con la habilidad manual; está comprobado que se aprende más tomando notas con lápiz y papel que utilizando un teclado de computadora.
- Si te vas a relacionar con algo o con alguien, primero extiende tus manos y revisa lo que tienes para dar y compartir.
- No cubras tus manos con guantes que te quiten la sensibilidad al toque del otro, y que oculten las huellas de lo que has pasado. Procura revisar primero tus manos y luego mirar las manos del otro; no esperes una relación valiosa si tu realidad es precaria, mediocre y miserable.

Caminar descalzos

- Hemos perdido el contacto con la tierra: vivimos en edificios y usamos constantemente calzado que aísla nuestra percepción del suelo que pisamos.
- Cubrimos nuestros pies por comodidad, vergüenza, higiene o frío, pero estar descalzos nos hace sentir las imperfecciones del camino, captar nuestra vulnerabilidad, ensuciarnos con naturalidad y sin temor. Los pies nos dicen mucho de la otra persona, de sus andares, de su inteligencia y sensibilidad.

- Una relación desnuda implica andar descalzos, es decir, compartir con el otro su camino, su fragilidad, su contacto con la tierra y la naturaleza. Lo contrario sería como caminar con botas por la orilla de la playa, donde rompen las olas.

- Quien no siente la tierra es incapaz de percibir cuando se acerca un terremoto y ponerse a salvo. Hemos perdido mucho al acallar nuestros instintos, restringiendo nuestro contacto con el mundo natural. Como dicen: muchos quisieran volver a la naturaleza, pero no a pie...

- Para relacionarte mejor, te invito a compartir momentos al aire libre, salidas al campo, o realizar alguna actividad física con las personas que amas. Esto les permitirá sumergirse en una dimensión menos intelectual o abstracta, y más desnuda, inmediata, genuina.

La relación desnuda se vive en el presente

- No hay que confundir la relación desnuda con un confesionario: tu pareja no es tu psicoanalista ni tu consejero espiritual. Deja ir las cosas del ayer; no contamines tu relación actual con el pasado. Lo que realmente cuenta es lo que eres hoy: tus talentos y tus heridas, tal y como están.

¡Comienza hoy!

La realidad como maestra

Hay dos maneras de aprender a relacionarnos: la forma dolorosa, a través de los problemas que se nos presentan y que debemos resolver, y otra, más gradual y creativa, que implica poner atención a la realidad y actuar oportunamente.

La experiencia me ha demostrado que las personas más silvestres optan por aprender del modo doloroso; en cambio, quien escoge poner atención a la realidad y a las verdaderas consecuencias de sus actos, mejorará en sus relaciones en un 100% y sin esfuerzo.

No confundas "lo que en verdad sucede" con "lo que tu mente te dice que debería ocurrir"; observa si lo que realmente está pasando era lo que deseabas que sucediera, y reconoce las consecuencias que provocaste con tus acciones... o la falta de ellas.

Mira hacia dónde te llevan tus acciones, y piensa si realmente ese es el destino al que quieres llegar. Tu MENTE QUE MIENTE te dice desde el orgullo: "¡No permitas que te digan qué hacer! ¡No te dejes! ¡Tú no mereces eso! ¡No lo puedes permitir!".

Este tipo de mensajes te invita a la reacción instintiva, que no mide consecuencias ni pondera el lugar al que te llevará esa acción; ese es el tipo de comportamientos que yo llamo "conducta ciega", porque te conducen al pantano, un lugar funesto en tu vida.

Aunque no lo parezca, la realidad siempre es más bondadosa que la mente.

Quienes evaden la realidad por temor, acaban sufriendo mucho más, pues de todas formas tendrán que afrontarla, y adicionalmente, habrán de trabajar por salir de la adicción que utilizaron para rehuir de los problemas, y esto habrán empeorado por falta de atención.

Conocer a tu adversario te da la ventaja de tener menos posibilidades de perder; en este caso, tu adversario está dentro de ti: es tu **MENTE QUE MIENTE** y constantemente te invita a salirte de la realidad, mientras juega a convencerte de que lo real es lo que te cuenta.

¡No te dejes engañar!

Confía en que la realidad es siempre menos terrible que tu estado mental. Tu mente está diseñada para esperar lo peor y prevenirlo; su misión es sobrevivir, huir, y defenderte; siempre está presta a evaluar y es más negativa.

Vivir en la mente es un signo de pobreza interior. ¿Por qué, entonces, tantas personas viven presas de su mente?

Porque es más fácil e inmediato quedarse ahí, y porque la educación –o falta de educación– nos lleva a privilegiar sus mecanismos en lugar de enseñarnos cómo manejarla.

Tenemos la capacidad de sentir, ser intuitivos y sabios, pero la olvidamos. La educación actual deja de lado las emociones y el contacto directo con la realidad; nos enseñan a utilizar la mente para evaluar, en vez de permitirnos observar sin juicios los acontecimientos y nuestro proceder.

Estamos diseñados para sobrevivir, no para ser felices; huimos de lo desagradable, abrazamos el placer inmediato, pero no planeamos cómo realizarnos y alcanzar metas; al menos, no de manera natural e inmediata.

Para sobrevivir, la mente es capaz de mentir, inventar, distraernos, encerrarnos en ensoñaciones, fantasías o historias entretenidas. También puede llevarnos por zonas muy oscuras del juicio sobre nosotros, donde reinan la descalificación y las etiquetas.

He trabajado por años con hermosas mujeres que compiten en los concursos de belleza de Miss Universo, y me asombra descubrir que muchas de las ganadoras se creían gordas y feas. Si ellas, con su **MENTE QUE MIENTE,** se juzgan de esa manera, ¡qué podemos esperar el resto de los mortales al mirarnos en un espejo!

Recuerda que tu mente sabe medir, pero no puede guiarte con sabiduría. Deja de permitirle que te deprima, y descúbrete a ti mismo como un ser inteligente capaz de domarla.

El ser humano es el único animal que sufre con solo pensar en algo, y eso se debe a nuestra mente.

Cuando te entretienes con pensamientos negativos, les das poder; creas una emoción y actúas sobre una base irreal.

En vez de dar todo el crédito a la mente, que piensa "lo que debería suceder", es importante poner toda tu atención en tu sentir, en el Espíritu que lee "la realidad de lo que sucede".

Imagina que vas manejando y llegaste a una luz roja. De pronto, el semáforo se pone en verde, y tu mente juzga que el vehículo de adelante debe avanzar, aunque no avanza.

Si aceleras, porque la mente te dijo que estabas en verde y el otro debió avanzar, vas a chocar en la realidad.

No importa si dices: "es que estaba en verde y él debió haber avanzado; por eso yo avancé." ¿Qué más da si crees y aseguras que fue culpa del otro? El golpe está ahí, y el responsable del choque serás tú, por no haber detectado "lo que en realidad sucedía": el vehículo de adelante estaba detenido, aunque el semáforo estaba en verde.

Ver la vida resulta fundamental,
en vez de escuchar lo que dice tu mente
o la de los demás.

El pensamiento tendencioso y pesimista se vuelve tu enemigo interior; lo alimentan las malas noticias, interpretaciones lúgubres de la realidad y el derrotismo.

Las emociones van y vienen; no podemos controlarlas del todo, y tampoco es sano hacerlo. Debemos tener dominio sobre lo que hacemos con ellas, pero el hecho de sentirlas es un proceso natural.

El estado de ánimo, en cambio, es más permanente, y sí depende de nosotros la posibilidad de modificarlo. Si alimentas un estado de ánimo depresivo, de tristeza y soledad, a la larga puede convertirse en algo más permanente, afectando tu conducta.

Las emociones más profundas se generan a partir de la forma como nos relacionamos con la realidad, con el mundo que nos rodea, con los demás, con nosotros mismos, y con la dimensión espiritual que le da significado a todo, incluso a lo más difícil.

Las decisiones tomadas bajo un estado de ánimo alterado no son del todo libres; actuar en esos momentos puede llevarte a perder relaciones y destruir vínculos sanos. Cuando estás dominado por tu estado de ánimo, tu cerebro no funciona bien, pues al bloquearse tus emociones sanas te vuelves menos asertivo, y tus decisiones se tornan menos acertadas.

Cuando la capacidad de decidir se anula, se pierde la esperanza; la persona se queda atrapada en su estado anímico, incapaz de reaccionar, convirtiéndose en víctima pasiva de lo que le sucede. Las decisiones se toman buscando un resultado que nos procure un bien, sea real o aparente. Aristóteles decía que siempre decidimos con miras a un bien; si perdemos nuestro poder de decisión, será más difícil alcanzar lo que nos propusimos.

Procurar darles menos peso a tus pensamientos es una forma de mantener tu equilibrio interior; en cambio, si decides escuchar a tu **Mente Que Miente,** vas a requerir energía adicional para no quedar triste, deprimido o pesimista.

A continuación, te indico algunas sugerencias que te aportarán la energía necesaria para vencer a tu **Mente Que Miente,** ese enemigo que vive en tu interior.

Consejos para cargarte de energía

Muévete

♦ Haz ejercicio. Salta, corre, monta en bicicleta, juega con los niños, mueve la cintura, estira tu cuerpo, cierra los puños y aprieta los dientes con fuerza unos segundos, luego relaja; baila, camina, levanta pesas o practica cualquier deporte. Yo recomiendo principalmente caminar.

Endulza tu oído

♦ Escucha música clásica, romántica, de meditación, alegre; sonidos de cuencos, vibraciones especiales con timbales, campanas tibetanas. Pon atención al canto de los pájaros, el sonido del viento, la lluvia, el agua corriendo por un río, las hojas mecidas por la brisa. Oye un audiolibro o lee en voz alta temas de superación personal o poesía.

Nútrete

♦ Come alimentos de calidad: nueces, frutas, verduras, agua pura, legumbres. Reduce la cantidad y frecuencia de carnes rojas, grasas y azúcares.
Olvida la seriedad. Ríete de ti mismo y deja que los demás también lo hagan. Aprende algo nuevo. No te tomes la vida tan en serio. Acepta tus tonterías, reconoce tus errores y págalos con gusto. Convive con las personas que tienes cerca sin evaluarlas. Pon tus cosas en orden; limpia tu casa. Mantente sereno con tus decisiones de vida. Sonríe a los demás y sonríete cuando estés solo: el cerebro interpretará que estás feliz y reforzará esa sensación.
Busca sentido, y lucha. Encuentra un motivo que te inspire a vivir. Esfuérzate por alguien. Vence tus debilidades con paciencia. Haz el bien a pesar de no recibir ni siquiera las gracias. Di la verdad y paga el precio de hacerlo. Atrévete a hacer lo que hasta ahora no has podido, y acéptate tal como eres.

¡Vive de manera consciente!

Relaciones en orden y armonía

Para que nuestras relaciones sean sanas, se requiere orden y armonía, dando prioridad a las más cercanas y fundamentales, pero sin descuidar el resto, y sobre todo, sustentándolas en una firme relación con uno mismo, nutrida por un Poder Superior. Este orden implica que las relaciones se establezcan de acuerdo a las circunstancias personales como la edad, los compromisos adquiridos y la propia misión de vida; todo esto nos exigirá madurar, a veces con dolor.

Un bebé aun no distingue la separación que existe entre su persona y la de su madre, y esto es natural, pues se encuentra en una fase de desarrollo; pero si un hombre adulto, casado, tuviera un apego similar con su madre, fracasaría en su relación de pareja.

Conozco muchos matrimonios que han terminado debido a la influencia malsana de los padres y a la falta de límites. Lo mismo ocurre cuando un enamorado se apega al otro, al punto de confundirse y perder su iden tidad en la de aquél, a quien dice amar sobre todas las cosas. Mientras repite sin cesar: "sin ti me muero", diluye su personalidad, traicionando al otro y a sí mismo. Quien le apuesta sólo a la "magia" de la relación romántica, corre el riesgo de confundirse y quedar diluido en el otro; el único truco que logrará será el de hacer desaparecer su identidad, dignidad y alteridad.

Nos cuesta mucho trabajo tomar el control de nuestra propia vida; tal vez esto se deba a que hemos estado siempre en el asiento trasero, viendo pasar los postes de la carretera. A veces empujamos el carro de nuestra existencia por un camino ya establecido, o nos dejamos jalonear por las exigencias del día a día, con tal cansancio y sensación de carencia, que no nos detenemos a preguntarnos hacia dónde vamos.

Si en este momento estás pensando: "no tengo opción...", yo te pregunto: ¿De verdad no la tienes, o no deseas pagar el precio de tomar otra ruta?

Descubre que tienes el poder de volverla maravillosa si aprendes a leerla correctamente. Las personas somos como somos, y la realidad es como es. Esto es una obviedad; sin embargo, nuestra conducta demuestra que la pasamos por alto, y no nos gustan las consecuencias de dicho olvido.

Detente a mirar
la riqueza de tu verdadera realidad.

El sentido de la vida consiste en desarrollarnos en la dimensión del "ser", pero erróneamente nos enfocamos más en el "tener" y el "hacer". El mayor signo de estar amando a otro es alegrarnos de que sea y exista tal y como es. Tratar de cambiar a las personas como si fueran productos a nuestra medida, pretender poseerlas o buscar usarlas, desvirtúa todo el orden de las relaciones.

El "tener" siempre queda subordinado al "ser", y jamás se aplica a las personas; erróneamente decimos: "tuve un hijo", cuando lo correcto sería: "me convertí en padre" o "soy padre". Tampoco deberíamos decir: "¡Ya tengo novia!", como si se tratara de una presa que he cazado y voy a consumir. Suena mucho mejor: "estoy en una relación", pues el énfasis lo tiene el vínculo que ambos están construyendo libremente.

Quien busca y se obsesiona –como única dimensión de las relaciones– por "tener" una pareja o un hijo, además de actuar de modo posesivo, deja fuera el resto de los vínculos con la sociedad, la familia extendida, los amigos, el mundo y el medio ambiente.

La crisis actual de la humanidad refleja el gran error de habernos enfocado en el "tener" como única dimensión de realización personal. Esto nos ha llevado a distorsionar nuestra valoración de las cosas, dándole mayor importancia a lo efímero y descuidando lo verdaderamente importante y que nos define como seres trascendentes, espíritus eternos habitando cuerpos temporales.

Una de las verdades que cada vez toma mayor importancia es que, si nos enfocamos en el "ser", el hacer y el tener se orientarán naturalmente hacia donde nosotros lo deseamos; puedes hacer realidad todo lo que sueñas, y esto incluye no solo posesiones materiales, sino también deseos y experiencias del Espíritu.

Somos creadores de realidades.

Existe un orden en las relaciones que nos da plenitud: con las personas, con nosotros mismos, con otros seres vivos, con las cosas hechas por el hombre, y finalmente con Dios. Quien se encierra, aunque lo haga por pares o en pequeños grupos, sigue prisionero, y por tanto, infeliz.

Resulta obvio decir que las cosas son para usarlas y cuidarlas, y las personas para conocerlas y amarlas. Sin embargo, hay quienes aman las cosas –casi las idolatran–, mientras que usan a las personas, sea por placer o como medio para obtener bienes materiales o favores.

Por su parte, el mundo es para gobernarlo, protegerlo, admirarlo, cuidarlo y generar riqueza a partir de él, con responsabilidad y gratitud; sin embargo, hay quienes acaban con él mediante la sobre-explotación, mientras que otros prefieren ignorarlo por miedo y sensación de subordinación.

Tenemos utensilios para llevar a cabo actividades o trabajos que nos permiten ser y hacer según nuestras cualidades. Hay personas que se apegan a las cosas y hacen lo que sea por obtenerlas, incluso subordinando el valor de su existencia a las posesiones materiales, y una vez que las tienen, llegan al absurdo de venerarlas en vez de usarlas.

Como señalaba el filósofo Carlos Llano, en vez de "tener un coche para moverse", las personas "se mueven para tener un coche." Recuerdo a un hombre joven y con gran talento que rechazó un trabajo en el que le ofrecía desarrollar su pasión, optando por otro −mejor remunerado− que le permitiera pagar las mensualidades de un auto de lujo, con miras al reconocimiento social, nuevos "amigos" y captar la atención de posibles parejas.

¿Te conoces? ¿Sabes quién eres? Si no lo puedes responder, tampoco podrás conocer al otro. Sin embargo, debo advertirte que las respuestas a estas interrogantes no las vas a encontrar en tu **Mente Que Miente**, sino en la realidad; en lo que concluyes cuando te observas, libre de juicios.

Tu verdadero "perfil personal" no es el de las redes sociales; ahí todos mentimos, incluso cuando no queremos hacerlo; somos parciales y subjetivos, y como el otro no nos ve ni convive con nosotros, se fía de las apariencias que proyectamos.

Para conocerte necesitas leerte la vida, pero esto no se trata de buscar en las líneas de tu mano un mensaje oculto; basta con mirar con honestidad las consecuencias que has creado con tus decisiones. El conocimiento es un acto que termina dentro de ti; tú te quedas con el producto de lo que aprendes, pero para ello necesitas conocerte y conservar lo descubierto a nivel de tu sabiduría interior; no de tu mente discursiva.

Así como el conocimiento termina en ti,
el amor termina en el objeto amado.

Si te amas, tu amor queda en ti y te llena de energía; en cambio, el amor a los demás es efusivo, termina fuera de ti; te hace crecer y te llena de alegría, pues al ir más allá de tus limites, te expandes.

La frase del filósofo Sören Kierkegaard lo define muy bien: "La puerta de la dicha se abre hacia afuera." Para elevarnos en el orden de las cosas, conviene conocer lo inferior y amar lo superior; entre iguales, lo que procede es tanto conocerlos como amarlos.

Basta dar un vistazo a las noticias para constatar que los mayores males de nuestra sociedad parten de un desorden fundamental:

+ Cosificar a las personas.
+ Idolatrar las cosas.
+ Desconocer o ignorar la realidad.
+ Fallar en la creación de vínculos humanos solidarios, fuentes de realización y única vía para la felicidad.

Sería un despropósito amar las posesiones y conformarnos con un conocimiento superficial de las personas, en vez de apreciarlas tal y como son. Yo te pregunto:

¿Qué tanto sabes de los sueños, preocupaciones, sufrimientos y miedos de los seres más cercanos a ti?

¿Cómo decir "te amo" cuando debo aceptar que no te conozco?

El Ser Sabio

Desde que somos niños vamos conociendo este juego de relaciones con el mundo, con nosotros mismos y con los demás; muy adentro vamos escuchando el **Ser Sabio** que nos va descubriendo nuestra identidad, nos lleva al autoconocimiento y nos inspira a hacer el bien.

Un niño se relaciona con la misma transparencia y entusiasmo con el hijo de un famoso que con el hijo de quien hace el aseo. No tiene prejuicios, pues no le ha dado a su mente el poder que no merece.

Con los adultos, conecta con su esencia y puede percibir si la persona es buena o tiene malas intenciones; con el mundo y la naturaleza, sabe vincularse de manera gozosa y con admiración.

Muchos factores, como la educación, los traumas, la negación de nuestros sentimientos, la vergüenza y nuestra naturaleza imperfecta –que ya trae algunas fracturas y escisiones de origen–, nos llevan a ponernos máscaras, añadir filtros a nuestra mirada y crearnos ropajes para ocultarnos.

Al mismo tiempo, vamos perfeccionando nuestras maromas mentales: engaños, racionalizaciones, proyecciones y demás mecanismos de autodefensa.

Es así que crecemos con grandes dificultades para establecer relaciones desnudas –originales, primigenias, limpias y eficaces– con el cosmos, con la vida, con los demás, con nosotros mismos, con las personas a quienes más amamos y con Dios.

Creer que el **SER SABIO** nos abandonó, o que sólo estaba en nuestra imaginación, es otro de los engaños de nuestra **MENTE QUE MIENTE** para poder dominarnos a su antojo; es por ello que muchas veces se nos dificulta emprender y mantener disciplinas enfocadas en la reconexión espiritual.

No se trata de que realmente esa conexión se haya roto, sino de que perdemos la capacidad de percibirla; el nexo siempre está ahí, como las estrellas que no podemos divisar mientras brilla la luz del sol, aunque sigan en el firmamento.

La **MENTE QUE MIENTE** suele usurpar el lugar del **SER SABIO**, haciéndonos caer en las trampas con las que nos mantiene atados a la ilusión, a lo que no es real.

¿Cómo reconocer si quien te habla en tu interior es el **SER SABIO** o la **MENTE QUE MIENTE**? Muy sencillo: siguiendo la pauta dada por el famoso texto bíblico que reza: "Por sus frutos los conoceréis".

Si esa voz te está transmitiendo ideas retorcidas, negativas, intimidantes, de incapacidad, de tristeza y depresión y de poca valía de la vida, sin duda se trata de la **MENTE QUE MIENTE**.

En cambio, el **SER SABIO** siempre reconocerá en ti la verdad de tu dimensión divina, y es a él a quien se dirigirá. Este Ser es quien te transmite pensamientos positivos, esperanzadores, tolerantes y compasivos hacia ti mismo y hacia los demás, inspirándote y motivándote a disfrutar este viaje de la vida, con sus valles y colinas, sus altos y bajos.

Una imagen tan hermosa como acertada de la forma en que perdemos la conexión con el **SER SABIO** es la de un vidrio sucio que no deja pasar la luz del sol. La luz no se ha ido, y el astro rey brilla allá afuera como todos los días; sin embargo, quienes están dentro de la habitación se lamentan de la oscuridad, sin darse cuenta de que lo único que necesitan para poder disfrutar del sol, es limpiar la ventana.

Del mismo modo, nuestra conexión con el **SER SABIO** será mucho más potente si cuidamos y nutrimos nuestra energía de alta vibración.

Cuando nos dejamos empañar por emociones densas, el **SER SABIO** queda opacada por las conversaciones interiores negativas –ladronas de energía–, y dejamos de escucharla. No importa cuán fuerte grite; ya no podremos tener acceso a sus mensajes, y es así como quedamos a la deriva.

Nada de lo que haces o te sucede es casualidad, ya sea que hayas escuchado y seguido tu voz interior, o que la hayas ignorado y en este momento tengas algo por aprender y en qué mejorar.

Todo lo que te sucede tiene un sentido y lleva dentro una bendición, incluso si parte de errores o malas acciones. En el fondo de tu corazón, tú sabes lo que estás llamado a ser; si todavía lo dudas, es porque necesitas practicar más la escucha del Espíritu.

La depresión se apodera de ti cuando te atas al pasado, y la ansiedad te domina al vivir proyectando un futuro sin certezas; solo el presente te obliga a mirar la realidad, y es todo un desafío.

Desconéctate de tantos aparatos electrónicos; atrévete a sentir el silencio, respira profundamente y convierte en un hábito el estar a solas contigo en el presente, conectado con tu espiritualidad.

Para logarlo, hay quieres buscan vaciarse de cualquier pensamiento o deseo a través de la práctica de la meditación; más que quedarse sin pensamientos, se trata de aceptarlos y dejarlos pasar, mientras se enfoca la atención en la respiración para hacernos conscientes del aquí y el ahora.

Otros prefieren enfocarse en la contemplación de un Dios personal que es amor, misericordia y compasión, cuya naturaleza es también de relación, por ser Trinitario.

Si eres cristiano y crees en un Dios personal, este tipo de oración será para ti la mejor forma de escuchar el SER SABIO, responder a él y fortalecer tu vida interior; esto te ayudará a vivir en el presente compasivamente y en esperanza, al tiempo que vas descubriendo tu misión.

Cuando la mente se llena de ruido y negatividad, no solo desconoce el **Ser Sabio,** sino también la realidad; esto es una lástima, porque lo verdaderamente real siempre será más positivo y amable que la **Mente Que Miente,** que juzga, evalúa y condena.

La realidad no lastima; lo que lastima es no saber cómo relacionarnos adecuadamente con ella, o carecer de relaciones. Ese es el verdadero drama... el presagio de un infierno.

En sus escritos, los santos se han mostrado optimistas, incluso en momentos de pruebas y dificultades reales, dando la bienvenida al sufrimiento sin titubear. Su verdadero y único temor era perder su íntima relación con Dios.

Cuando se vive con amor y en relaciones sólidas, las dificultades de la vida pasan sin tanto dolor; en cambio, cualquier pequeña dificultad puede derrumbar al que se encuentra aislado. El infierno no es más que el aislamiento absoluto sin amor. Te preguntarás: ¿Y los problemas? ¿Acaso no lastiman más que la mente?

Una relación fundamental, y que quiero reivindicar aquí, es aquella que estableces con tus problemas. Deja de ponerles mala cara o de maldecirlos; de ahora en adelante, te invito a llamarlos "Santos Problemas". Yo los llamo así porque son el mejor estímulo para encontrar el sentido a nuestra vida temporal y desarrollar nuestros talentos.

Es gracias a que hay problemas de ventas que te contratan como vendedor; es gracias a los problemas del día a día que descubrimos la verdadera esencia de las personas que tenemos cerca.

Los problemas tienen ese halo de santidad que me ha llevado a sentir respeto y agradecimiento con ellos; aprendes a amar tus problemas cuando los superas y descubres que han vuelto tu vida más rica. La mente y la imaginación nos hacen sufrir cualquier situación que sale de nuestros planes, o que a todas luces juzgamos como negativa.

Los Santos Problemas
te permiten desarrollar tus talentos.

Cuando te preguntan si eres profesional, tu respuesta será: "Sí lo soy, porque resuelvo problemas de... entretenimiento (si eres actor)... conocimiento (si eres maestro)... leyes (si eres abogado) ... dinero (si eres economista o financiero) ... autoestima (si eres psicólogo) ... alimentación (si eres nutriólogo o chef)" ...etc.

Quienes no agradecen los milagros de los Santos Problemas y no los aceptan en su vida, se vuelven sus víctimas. Son esos que dicen: "! ¡No puedo con mis problemas!" ..."¡Me quiero morir!"

Eso es cobardía, y tienen razón en tirarse a dormir, quejarse, deprimirse; a fin de cuentas, ser mediocre es fácil. Con este tipo de actos, tu carácter se vuelve débil y no obtienes resultados.

"Vida" es sinónimo de "problemas", y estos se acumulan si no los resuelves. Hay que atender los problemas de hoy y de ayer para estar sobrados con los que vengan mañana; esa es la actitud de una persona de carácter, y la manifestación de una buena relación con los Santos Problemas.

El modo como te relaciones con la vida tiene mucho que ver con los golpes que te propina y la forma en que reaccionas: hacer un drama de lo que te pasa no ayuda; ignorarlo tampoco; dedicarte a eludir la realidad es la peor de las decisiones.

Mi recomendación es que te hagas cargo de todo lo que te sucede, comprendiendo que, de alguna manera, tú lo has provocado con tus decisiones. El resultado no te hace víctima, sino te obliga a dar respuesta y hacerte fuerte para seguir viviendo sin resentimientos, odios o rencor.

No lo tenemos todo

Hay una ley tácita de que la vida no te lo da todo al mismo tiempo: cuando tienes fuerza, te falta madurez; cuando tienes entusiasmo, te faltan oportunidades; cuanto tienes buenas ideas, te falta dinero; cuando tienes suficiente madurez para elegir pareja... es porque ya eres abuelo.

Agradece lo que recibes y no esperes a que todo sea "perfecto", como tu mente te grita y exige cada día. Aceptar que estás pidiendo de más te dará la paz interior que requieres para mejorar la realidad que está a tu alcance, sin esperar a que las condiciones sean "ideales".

Detrás de toda neurosis hay una idea simple y falsa: "lo que me pasa es superior a mí". Esta creencia te la puede haber dictado la sociedad, o algún grupo de referencia que necesite manipularte para mantenerte bajo control. En la realidad, la vida no te pone ningún problema que supere tu capacidad de resolverlo.

Cada uno crea su propia realidad, pero si vives de manera silvestre eres más propenso a caer en pobreza, dependencia, desgracia y malestar. No estamos exentos de traicionar nuestra esencia a cambio de ser aceptados, pero... ¿vale la pena? ¿sería lo más satisfactorio cuando lo recuerdes en el futuro?

Muchas personas buscan tener dinero para acceder al reconocimiento y aceptación de los demás, lo cual las hace sentir en una posición de poder. Como afirmaba Carlos Llano, para muchos lo importante no es tener un buen coche, sino uno mejor que el del vecino.

¿Por qué no ser nosotros mismos,
y permitir a los demás ser ellos mismos?

¿Quién conduce tu vida? ¿Te dejas llevar por tus circunstancias? ¿Sigues el guion que alguien más escribió para ti, o eres el autor de tu historia?

Xavier Zubiri plantea que, ante la vida, toda persona puede asumir distintos roles, dependiendo del grado de autonomía y compromiso con el que quiera administrar su existencia, pudiendo convertirse en **Agente, Actor o Autor.**

Agente

La persona que funge como agente en la vida, ejecuta lo que corresponde de acuerdo a lo que le ha sido dado: circunstancias familiares y personales, rasgos genéticos, capacidades.

No va más allá, pues de alguna manera se siente determinado y constreñido por lo que considera "la realidad" (aunque esta no es otra cosa que la interpretación de su mente). Al sentirse limitado, percibe todo como imposición, y termina abrumado bajo una sensación de impotencia.

Los agentes son personas conformistas, que no sienten la necesidad de ir más allá de lo que consideran sus límites Quien vive como agente, no se da cuenta de todo lo que puede lograr, de cómo puede vincularse con la realidad de otra forma. Simplemente, toma lo que ha recibido, positivo o negativo, tal como le tocó.

Actor

Quien toma el papel de actor se deja llevar por la trama de su vida: los roles, las circunstancias, la suerte. En este caso, la persona no es dueña de sus decisiones, sino que hace lo que otros esperan de su rol, de modo que no va al fondo para asumir quién es en realidad y qué quiere hacer con su existencia. Quienes adoptan el rol de actores sienten que la corriente de la vida los arrastra y que ellos no tienen posibilidades de nadar hasta la orilla.

Autor

El ser humano que decide vivir su vida como autor de sus actos, se mueve libremente y es capaz de establecer metas e ideales más allá de lo que le ha sido dado. Entra en juego la creatividad, el carácter, el afán de logro y el dominio personal; la persona se siente plena, porque las decisiones son suya y no están condicionadas, ni por las circunstancias, ni por su interpretación de la realidad. El autor hace planes, se compromete; lanza una cuerda y se aferra a ella hasta alcanzar su objetivo.

Quien opta por vivir su vida como actor mantiene el equilibrio entre aceptación y voluntad; simplemente, no se molesta en cambiar lo que no puede o no vale la pena, pero se concentra con todas sus fuerzas en sacar adelante aquellas cosas que está en sus manos modificar.

Decide tu rol

En la vida no te pasa lo que deseas, sino lo que esperas que te suceda, aquello que crees merecer. Decidir es cruzar el río aferrado a una cuerda firmemente atada a la otra orilla; evidentemente, sentirás la fuerza de la corriente y cómo te va jalando, pero tienes un fundamento firme: sabes a dónde vas, y en dicho punto final también existe un asidero.

> *Tu poder de decidir es más fuerte que cualquier corriente de agua.*

En las relaciones es fundamental usar ese poder. Cuando decides algo, toda tu química cerebral, tus vínculos, nuevas relaciones, se van alineando para hacerlo realidad; este es un milagro que surge tu relación contigo mismo.

Cuando eres **Agente** de tu vida, condicionas tus decisiones a las circunstancias, y en consecuencia, no logras lo que crees que te propones, porque estás condicionado: "Me iré de vacaciones cuando tenga dinero." Planteado así, nunca lo lograrás, pues el punto de partida es el equivocado: primero tomas la decisión de irte de vacaciones, y luego te pones manos a la obra para lograrlo.

Por su parte, quien es **Actor** se limita a vivir el papel que otros escriben para él; tal vez pueda creer que tiene el control, pero en el fondo no se atreve a seguir su voz interior.

Cuando decides activar tu relación contigo mismo y con el Espíritu, te conviertes en el **Autor** de tu vida, y la realidad se vuelve bondadosa con tu resolución, permitiéndote alcanzar todo eso que has resuelto conseguir.

Con las decisiones somos capaces de crear; se pasa a la materialización por la decisión, y en eso consisten los milagros. Son cosas que suceden, contra todo pronóstico, gracias a que hay personas que lo deciden.

Tus proyectos, tus relaciones, el dinero, rebasan el mundo mental; cuando una persona no logra vincularse de manera real, no logra nada en la vida.

Si esperas tener las condiciones para hacer "algo", nunca lo vas a realizar. Si ese "algo" vale la pena, tienes que intentarlo; no dejes de luchar por ello, aunque sientas que vas perdiendo. Esto lo trabajo siempre con los equipos de fútbol que asesoro y los resultados han sido extraordinarios.

No te concentres en lo que tu mente piensa del posible resultado; simplemente pregúntate a ti mismo si vale la pena, y si la respuesta es afirmativa, lánzate a alcanzarlo como si tu vida dependiera de ello, porque en realidad es así. De otro modo, te sentirías muerto.

Las relaciones desnudas trascienden la mente,
porque son un asunto espiritual.

Mientras que la mente es temporal, exterior y de bajo voltaje, el Espíritu no es material ni temporal, sino eterno; por ello trasciende al cerebro y tiene un alto nivel de energía. En la mente existen el pasado, el presente y el futuro; ella no puede acceder a lo **no-temporal.**

El Espíritu se vincula con la actualidad, donde se conjugan el presente y la eternidad.

Hace un par de años, la persona que bolea zapatos en la zona donde tengo mis oficinas me compartió: "¡Voy a ir al mundial de futbol!". Cuando me lo dijo, no tenía el dinero necesario ni la más remota idea de cómo conseguirlo; sin embargo, ya lo había decidido y compartió conmigo su decisión.

Al haberse fijado esa meta, comenzó a generar relaciones y a vincularse con todo lo necesario para hacerlo realidad. Logró que las personas le pagaran un extra por su trabajo, consiguió nuevos clientes, se movió por nuevas zonas, ahorró...

Compró su boleto de ida, incluso sin tener arreglado cómo volvería o de qué forma pagaría su entrada a los juegos. Me dijo: "Ya veré cómo le hago y cómo regreso; puedo bolear zapatos allá para pagar mis entradas, pero lo voy a lograr".

Me lo imagino feliz en el mundial, diciendo: "¡Estoy en el mundial! ¡Soy bolero, y no me importa! ¡Lo logré! Esto le da sentido a mi vida..."

Tus pensamientos crean realidad

Tal vez te estés preguntando cómo es que nuestros pensamientos pueden crear nuestra realidad; la respuesta está relacionada con la forma en que estemos pensando, pues todos tenemos dos maneras de hacerlo:

* **El pensamiento reactivo,** es veloz y automático, y se dispara en base a ideas y juicios preestablecidos. A esta categoría pertenece también la intuición; en todo caso, es la forma en que actuamos cuando estamos bajo el control de nuestras emociones. El pensamiento reactivo nos hace ir "a donde sople el viento": nos lleva a juzgar y etiquetar a los demás, o a seguirlos ciegamente.

* **El pensamiento consciente,** es más lento y elaborado, pues no se va a las primeras, sino que se toma el tiempo necesario para construir sus conclusiones. Explica Daniel Kahneman que la tendencia natural de nuestro cerebro es responder reactivamente; esto forma parte de sus mecanismos de supervivencia, pues de esa manera consume menos energía.

*El pensamiento consciente
requiere un tipo de esfuerzo diferente,
y solo aparece cuando ejercitamos la atención plena.*

Capítulo 2

Los "peligros del amor" y las relaciones

Necesito advertirte sobre las trampas del amor y las relaciones. Se ha abusado mucho de estos términos, limitándolos a los vínculos de pareja o a las relaciones románticas.

Por un lado, el tema de las relaciones abarca todos los vínculos que podemos establecer como seres humanos en esta vida temporal y este planeta. No se limitan a las relaciones conyugales, de noviazgo o de pareja. Siempre evito usar la palabra "amor", pues se ha viciado su uso.

A veces concebimos el amor como una realidad externa que está ahí para satisfacer nuestros más profundos anhelos. Buscamos el amor como un tesoro al final del arcoíris: fuera de nosotros, y tristemente, acabamos abrazados a un espejismo.

El amor no es un satisfactor externo de necesidades,
sino la respuesta
a las más hondas aspiraciones humanas.

Como somos seres limitados y vivimos en el tiempo, no conocemos el Amor, ni menos aún somos capaces de amar de manera absoluta y perfecta. Podemos, en cambio, aspirar a realizar actos de amor en el presente, a cada instante, y comprometernos a seguir haciéndolo para siempre en la medida de nuestras fuerzas y limitaciones, un día a la vez.

El amor no es una pócima contra los dolores de la vida, ni un sinónimo de términos como codependencia, manipulación, pasión, sexo sin compromiso o abuso.

Lo hemos sacado de la realidad, convirtiéndolo en un concepto ideal, imposible de ser llenado por ningún ser humano, y al mismo tiempo, un pretexto para destruir a otros.

Por otra parte, al ser "amor" un sustantivo, existe la tentación de cosificarlo y convertirlo en una idea lejana y estática, olvidando conjugarlo. "Estar amando" suena mucho mejor, pues amar es una película en la que todos somos protagonistas.

El amor no es una foto fija, ni tampoco es una promesa que ha perdido su vigencia, sino que se renueva día a día, pues no podemos pretender que perdure por decreto.

Solo podemos concentrarnos en estar amando hoy. El amor no es una idea sino algo que se aplica todo: si pensamos en el amor en general, como idea o ilusión, lo alejamos de la realidad concreta, cotidiana y continua de nuestra vida diaria.

Quien no decide amar para siempre, va a encontrar muy difícil amar realmente, aunque sea por un día, pero quien se haya entregado totalmente en cuerpo, alma y temporalidad, necesitará la humildad de aprender a amar un día a la vez.

El amor no es una deuda que la vida tiene contigo, y que si "no lo encuentras" deba hacerte sospechar que hay algo malo en ti. No es un asunto de merecimiento, suerte o programación mental.

El amor es una pasión que nace en ti y te incita a construir desde quién eres, tendiendo un puente hacia los demás, pero esto no sería posible si no hubiéramos sido amados primero y de manera absoluta.

Como ya fuimos amados, podemos amar; si no hubiéramos sido amados, no existiríamos. Sin embargo, muchas veces no nos sentimos amados ni capaces de dar amor, sino vacíos y necesitados, como un agujero negro que devora todo, hasta la luz de las estrellas, sin saciarse nunca.

Si te asumes como fuente y generador de amor, no irás por la vida mendigando migajas de cariño, palabras de afecto o reconocimiento, y aunque existe la tendencia natural a buscarlo fuera de ti, puedes ser consciente de los límites y evitar convertirte en agujero negro.

Cuando amas, te ciegas y dejas de
captar la realidad tal como es.

Trata de no llegar al punto de decir: "El amor de mi vida me había tapado los ojos y los oídos, y me había atrofiado el pensamiento, impidiéndome captar la realidad tal y como era. Fue tarde cuando descubrí que ya no estaba conmigo". Abre los ojos... ¡estás a tiempo!

Ten cuidado con el concepto erróneo de amor, pues "por amor" se han hecho pedazos muchas parejas que se juraron estar juntos hasta la muerte; "por amor" una madre le niega al padre ver a sus hijos; "por amor" se declaran guerras llamadas divorcios, y se han lastimado a personas en su más profundo sentir, dejándolas heridas para siempre.

Llamamos "amor" a la entrega de la madre que se ha dedicado a sacar adelante a sus hijos sin tener ninguna ayuda del padre; en nombre del "amor" te han dejado un recuerdo de dolor tan intenso que te hace llorar cada vez que pronuncian su nombre o captas un olor que te lo recuerde, cual si existiera un placer masoquista en el acto de hacer memoria.

No podemos negar que tenemos la necesidad de ser aceptados, apreciados y sentirnos parte de algo más; esto es fundamental en nuestra naturaleza y vale la pena tomarlo en cuenta para que atendamos esta necesidad, pero con paz y libertad.

Podemos ir más allá,
estableciendo relaciones plenas que no estén
condicionadas solo por la necesidad.

El caso de las relaciones de pareja es particularmente sensible, porque se trata de un Universo en el que confluyen dos experiencias de la vida; muchas veces las heridas ocultas terminan derrumbando el castillo de naipes, en especial cuando no se ha tenido la valentía de establecer una relación desnuda.

Por lo general, no nos relacionamos desde la plenitud, sino desde la necesidad de satisfacer nuestras carencias emocionales y afectivas, lo cual equivale a querer calmar la sed tomando agua de mar: solo lograremos incrementarla.

Cada uno de nosotros es responsable de conocer y admitir sus heridas, y de procurar sanarlas, para poder acercarse a los otros sin temor de ser lastimado. El problema es que actuamos al revés: todos esperamos que sean los otros los que vengan a curarnos el alma.

Las relaciones son un campo de entrenamiento en el que se nos presentan todas aquellas situaciones que necesitamos madurar, así que no te lamentes por los inconvenientes que tengas en este momento. Más bien, hazte la pregunta sabia: ¿Qué lección de vida me están dando que necesito aprender?

Quizás te está haciendo falta ejercitar la tolerancia o la empatía, o tal vez debes practicar decir las cosas que sientes sin temor a quedarte solo... Sea lo que sea, sácale el mayor partido posible a esa enseñanza, que seguramente te está preparando para algo mucho más ambicioso y mayor.

La supervivencia del ser humano

Existen ocho necesidades básicas para la supervivencia del ser humano. Las cuatro primeras corresponden a nuestras necesidades fisiológicas y las compartimos con todos los seres vivos, deben ser cuidadas para preservar nuestra salud física, y son:

* Nutrirse (comer, beber, respirar).
* Reponer energía (dormir).
* Resguardarse (vestido, vivienda, defensa, seguridad).
* Excretar (defecar, exhalar, sudar, expulsar toxinas).

Las siguientes cuatro se dividen en dos dimensiones:

* La primera se refiere a nuestra **naturaleza emocional**, y juega un papel determinante en las relaciones desnudas, con sus respectivas necesidades de pertenecer y permanecer.
* La segunda tiene que ver con **el Espíritu**, con sus respectivas necesidades de ser correspondido y ser validado.

Notemos que el componente afectivo, emocional y espiritual se incluye también como parte de los requerimientos del ser humano para enfrentar el reto de la vida, pues su ausencia o carencia podrían producir enfermedad y muerte.

Son factores imprescindibles para la subsistencia.

La valoración de un ser humano por parte de sus semejantes se manifiesta en hechos; nos sentimos amados e integrados en base a acciones concretas de los demás, y por el contrario, podemos ser tácitamente excluidos en base a hechos u omisiones, sin que medie una palabra al respecto.

Estamos tan habituados a vivir en sociedad que no tenemos parámetros para medir los efectos que una situación distinta causaría en nosotros; sin embargo, la realidad es que los seres humanos no podríamos sobrevivir son la presencia de los demás, y esto está científicamente comprobado.

Todo lo que la civilización ha definido como avance, logro, triunfo o descubrimiento, ha sido logrado en colectivo.

Pertenecer

Sea familia, amigos, club, institución educativa, empresa, partido político... ¡Qué importante es sentirte parte de algo!

Inventamos todo tipo de asociaciones para sentir que pertenecemos; en ocasiones hasta renunciamos a nosotros mismos, con tal de sentirnos parte de ese "algo" que da valor y seguridad a nuestra experiencia humana.

Somos seres únicos y con talentos individuales que requieren ser desarrollados en la experiencia de relación con las cosas, con la naturaleza, con los demás, con la vida y su sentido, con Dios; sin embargo, la experiencia de pertenecer puede volverse tan intensa que en ocasiones nos lleva a la neurosis.

Cuando alguien es expulsado de un grupo sufre una sensación de pérdida y frustración, al grado que la **MENTE QUE MIENTE** le hace comparar esa experiencia con la muerte.

Permanecer

La percepción del tiempo es relativa: cuando algo nos resulta seguro, placentero, agradable y bueno, queremos que el tiempo se detenga, y sin embargo, es entonces cuando sentimos que vuela.

La vida siempre está en movimiento. Cuando sientes que la detienes, es solo tu mente viviendo en el pasado, en el recuerdo de lo sucedido, rumiando emociones, casi siempre negativa. Eso es un gran estorbo para crecer, pues la vida sigue su curso.

El pasado fue y ya no es, a menos que tú le des vida poniendo tu atención y tu energía en él. La mente te lleva a recordar lo que fue doloroso como medida para que no te vuelva a ocurrir, pero esto, más que protegerte, te debilita y te vuelve vulnerable, haciendo que lo que tanto temes te vuelva a suceder. No se trata afirmar: "lo que temes atraes"; comprende que tu Espíritu está en el presente, y si se distrae con el pasado, deja de dirigir tu vida.

Es entonces cuando toma el control el carcelero loco que todos llevamos dentro: la mente, la imaginación. Ese carcelero se va a lo fácil, haciéndote recordar aquello que más daño te hizo, con lo cual te sobrecogen la tristeza y el dolor. Eso te debilita.

Aunque en esta vida parece que todo se repite, todo es nuevo. Si la enfrentas con fortaleza y la convicción de que todo es novedad, serás capaz de triunfar y ponerte metas más altas.

Aunque cada mes se llama igual, al año siguiente trae experiencias y oportunidades asombrosamente nuevas y originales; está en ti el tomarlas y leerlas adecuadamente para responder mejor a la realidad. Una relación desnuda es una relación en movimiento, que puede seguir siendo o dejar de ser; esto obliga a cultivarla todos los días para que permanezca.

Las relaciones desnudas se dan con puertas y ventanas abiertas: se queda el que decide quedarse y se va el que decide ya no estar. Existe la libertad de ser tú mismo y dejar al otro ser quien es.

Ser correspondido

Sabernos correspondidos nos llena de energía; no se trata de quiénes somos, sino en quién nos convertimos cuando nos relacionamos. Cuando robas, te conviertes en ladrón, y es bueno que te den trato de ladrón, para que decidas si quieres seguirlo siendo.

Si engañas a quien le ofreciste compromiso y recibes trato de infiel, tal vez puedas reaccionar; esto nos educa y nos humaniza. Ser correspondidos cuando nos entregamos y descubrir cómo los demás se entregan a nosotros, nos lleva a sentirnos plenos y a decidir seguir siendo lo que somos.

Cuando te rodeas de personas que te corresponden, estás en la realidad de las relaciones desnudas, y seguramente irás progresando de una manera impresionante. Las consecuencias de un grupo o equipo que funciona con esta correspondencia son increíbles, llegando a donde nunca imaginaron.

¡Deja de tener solo éxitos
y comienza a crear milagros!

Cuando trabajo con un equipo de fútbol, promuevo que decidan actuar de esa manera; empiezan a tener resultados favorables en situaciones adversas, y la emoción se desborda. Hemos llegado a varias finales y levantado la copa de campeones. ¡Ver un grupo de muchachos comprometidos ser premiados con un título profesional es un verdadero milagro!

Valoro cada uno de los títulos y finales que me ha tocado vivir en el fútbol mexicano, con ocho equipos de primera división y tres de primera de ascenso; esto me permite compartir la experiencia real de lo que estoy escribiendo en este libro.

Ser correspondido no se trata sólo de exigir a los demás que te den lo que tú les das, sino de asumir tu libertad. Al reunirte con gente que no sabe agradecer ni corresponder a tus actos, tú puedes decidir si estar o no con ellos.

El ser humano es incapaz de verse a sí mismo, pero cuando es correspondido logra descubrir su verdadero valor, se humaniza y mejora; se transforma en una mejor versión de sí mismo, pues se siente merecedor y capaz de dar amor.

Ser validado

Necesitamos ser reconocidos; sin embargo, no hemos sido educados para dar o recibir reconocimiento sincero, pues la **MENTE QUE MIENTE** nos han enseñado a competir y ganar a cualquier precio, sin entender realmente el sentido del éxito.

A veces recibes validación solo si cubres las expectativas mentales de alguien; muchas personas lo utilizan como forma de adulación para obtener ventajas; por eso es necesario contar con tu brújula interna que te ayude a ver la verdad.

Al valorar las acciones de los demás, puedes sentir que se quedaron muy por debajo de tus expectativas, o que por el contrario, las rebasaron. Es por ello que resulta fundamental conocer los dos niveles de validación que te explico a continuación:

- **Validación externa:** conformada por las opiniones de los demás hacia ti.
- **Validación interna:** implica observar lo que has hecho y ser reconocido por ti mismo; por tu consciencia y por los efectos que tus acciones han generado a tu alrededor.

Muchas veces el reconocimiento de la gente viene después de tu muerte; sin embargo, aunque no recibas validación exterior, la interior te da la fuerza que necesitas para seguir adelante con tu misión, pues ese el verdadero sentido del éxito.

Para sobrevivir, los seres sensibles requerimos de aceptación y pertenencia. Desde muy temprana edad procuramos ganarnos la protección de aquellos de quienes dependemos; cualquier signo de agresión, abandono o rechazo, nos provoca un miedo de muerte, pues nos hacen sentirnos "expulsados de la manada".

Ese mismo miedo permanece en nosotros como adultos, transformado en temor a no ser aceptado socialmente, a lo que se suma el hambre de amor, percibido erróneamente como un satisfactor externo.

En teoría, sabemos que el amor y las personas no nos pertenecen, y que es imposible comprar el cariño o "hacerlo venir a nosotros" con la mera fuerza y poder de nuestra mente; sin embargo, en la práctica seguimos cayendo en la trampa de querer "tener" novio, esposo, hijos, o en concentrarnos "con toda nuestra mente" para tener la mejor de las relaciones.

El negocio del amor así concebido es bastante próspero: polvos y velas para enamorar; tés para que no deje de amarte, intenciones y visualizaciones para "encontrar" el amor de tu vida. Y, claro, también libros que te enseñan algunas estrategias o trucos que rayan en la manipulación, y otros muchos que prefieren decirte lo que, humildemente, el autor considera honesto, aunque no siempre te guste.

Sucede lo mismo que con las dietas y los productos-milagro: pagamos por creer e intentar lo imposible, aunque en el fondo, sabemos que nos engañamos. Estos intentos fallidos carecen de toda posibilidad de éxito, nos dan la falsa satisfacción de haber actuado, y además, nos justifican para no intentarlo de nuevo.

El amor posee toda la magia, pero no lo encontrarás mágicamente... ¡Y te lo dice un mago profesional!

El amor se construye con acciones que van de adentro hacia afuera; no viene a ti solo porque pronuncies las palabras correctas del hechizo. No es un destino establecido del que te dará cuenta la gitana del local esotérico.

No es así, porque es mucho más trascendente y profundo; tampoco es un estado de ánimo: requiere de tu acción. Las relaciones nos generan gozo cuando nos vinculamos de manera armónica y no existen conflictos graves en ese momento, pero causan indecible dolor cuando existen problemas no resueltos, rompimiento o lejanía.

Nadie está bien en su vida y en sus relaciones; si así fuera, no creceríamos ni lograríamos el equilibrio. Para vivir en equilibrio y para crecer, necesitamos relacionarnos con las dificultades que se nos presentan.

Sea que las califiquemos como positivas o negativas, todas las emociones son pasajeras; sin embargo, cuando las estacionamos dentro de nosotros, se convierten en estados de ánimo.

Una emoción negativa podría ayudarnos a reaccionar y a mejorar en una relación, pero si se queda como estado de ánimo, nos puede dificultar el cambio.

El estado de ánimo tiene que ver con nuestros vínculos y relaciones; si se vuelve permanece, termina generando patrones de conducta. Por lo general, tenemos muy poca influencia sobre nuestras emociones, pero sí podemos accionar sobre nuestros estados de ánimo y nuestras decisiones.

En nuestra vida y nuestras relaciones, es sano procurar momentos de placer; son la recompensa y estímulo para realizar actividades importantes, algunas de ellas básicas para la subsistencia.

Hay actividades que nos cuestan más trabajo y no nos generan placer; sin embargo, con la práctica, cualquier acción que nos exija mayor esfuerzo puede volverse placentera mediante la perseverancia, la paciencia y la humildad. Ese es el verdadero secreto del éxito, la satisfacción y la gratificación.

Toda relación es una experiencia de crecimiento espiritual, pues no se trata de situaciones estáticas que ya están dadas, sino que están conformadas por seres cambiantes, y esto las vuelve dinámicas.

Pudiera sonar muy simple, pero tal vez el secreto del éxito de las relaciones es saber observar con atención todo lo que ocurre dentro de ellas, con la salvedad de que, para que nuestro juicio sea confiable, debemos estar en el contexto de una relación desnuda.

Los venenos en las relaciones

En algunas relaciones es más fácil saber lo que no queremos que lo que nos agrada; por eso te quiero hablar de lo que daña una relación.

Para empezar, debo aclarar que no hay relaciones felices, sino personas felices que viven una relación y le dan vida, para lo cual han realizado un trabajo profundo consigo mismos, eliminando internamente:

+ La desesperanza.
+ El complejo de inferioridad y el derrotismo.
+ El odio.
+ El temor.
+ La culpa.

Si en verdad quieres consolidar relaciones desnudas, reales, significativas y profundas, debes deshacerte de estos venenos.

Desesperanza

Aún en condiciones difíciles, los seres vivos luchamos siempre por vivir en vez de morir. No hay nada más contrario al sentido común y al deseo innato de felicidad, que el pesimismo y la desesperanza. Si dejas de oír la **Voz de tu Espíritu**, si no ves la salida, si pierdes el sentido de tu vida, puedes caer en la desesperación.

Para el filósofo Kierkegaard, "desesperación" quiere decir "no contar con un fundamento firme". El desesperado no pisa firme, pues ha puesto su fundamento en lo superficial o en sí mismo, y ha ignorado la relación fundamental con Dios.

Así como el agua corre por la grieta más cercana, la naturaleza humana busca lo fácil; cuando eliges permanecer en un estado de ánimo dañino, corres el riesgo de hundirte en el dolor.

En la relación, lo más sano es vivir las emociones y el estado de ánimo de manera desnuda, deslindando lo que corresponde a las circunstancias, a la relación en sí y a cada uno de nosotros.

Cuando tienes una emoción, esta puede generar un estado de ánimo dañino, exagerado o alterado, provocado por tu imaginación.

Biológicamente, este estado se somatiza y podrías enfermarte.

En mis seminarios y asesorías he hallado que la desesperanza es el estado de ánimo más dañino, pues rechaza cualquier posibilidad de mejora o ayuda.

En nuestra esencia está la libertad, la capacidad de tomar decisiones, y cuando lo hacemos, buscamos un bien: tenemos la esperanza de que algo que nos hemos propuesto, va a suceder. Por el contrario, vivir sin esperanza es como estar muertos.

La desesperanza envenena la relación, porque una de las partes ya está muerta, y no es posible vivir con un cadáver.

El complejo de inferioridad y el derrotismo

Uno de los venenos que más divorcios causan es el complejo de inferioridad. Cuando la persona pierde su valor propio, permite que la relación se pudra.

Si las personas sienten que son inferiores porque viven en una zona pobre de la ciudad, tienen menos cultura o alguna enfermedad, es difícil quitarles esa idea. Tal vez fracasaron en su negocio y se han resignado a vivir siempre en bancarrota; mientras mantengan esta actitud, nadie podrá ayudarlos.

Cuando alguien fracasa o vive una experiencia fallida y dolorosa, su mente lo llena de mensajes de inferioridad, y esos complejos le producen un sentimiento de autodestrucción.

Mientras te mantengas escuchando solo a tu mente débil, tu sentimiento de inferioridad y pensamientos de autodestrucción aumentarán como un globo que es inflado sin tener límites en su tamaño y consecuencias.

El camino de salida está en tu Espíritu, y este se activa cuando otro ser humano te aprecia tal y como eres, reconociéndote imperfecto y queriéndote, sin importar lo "poca cosa" que te sientas.

Esto solo es posible cuando la persona está conectada con su **SER SABIO**, con su mundo sutil; debe reconstruirse a sí misma con la consciencia de que el Ser Poderoso que nos creó, no nos hizo inferiores ni mediocres.

En los Estados Unidos, un hombre mató a su esposa con un revólver; cuando lo entrevistaron, los psicólogos encontraron razonamientos muy infantiles en los motivos del asesinato. Por ejemplo, dijo que sus padres habían mostrado demasiado cariño y admiración por su esposa, dándole todo el crédito de sus triunfos a la señora y despreciando el poder de su esfuerzo. Como la alababan constantemente en su presencia, el asesino comenzó a sentirse despreciado, inferior y sin valor alguno.

Lo que quiero señalar aquí es que el complejo de inferioridad puede ser verdaderamente destructivo; de hecho, no tenemos idea de su importancia. Puedo afirmar que la mayoría de las parejas que terminan sus relaciones tienen problemas de autoestima.

El complejo de inferioridad conlleva a perder la cordura, o puede desarrollar cualquier otra enfermedad mental. Es un mecanismo de defensa para seguir viviendo, pero dejando de luchar; la persona entonces se convierte en una carga para todos los que le rodean.

Los invito a dar un mayor reconocimiento a los demás, para evitar así que alguien cercano se sienta inferior.

Steve Jobs cuenta que cuando fue corrido de su propia compañía, experimentó tal sentimiento de inferioridad que tuvo el impulso de desear la muerte. Que un hombre tan valioso como él haya pasado por esa situación nos da una idea del poder del veneno que estoy describiendo.

El complejo de inferioridad no respeta a nadie; todos podemos padecerlo, sin importar quiénes seamos y cuánto hayamos logrado.

Se trata de una forma de pensar que tiene una inspiración demoníaca, pues ¿a quién más le podría interesar que nos sintamos "poca cosa" y abandonemos las ganas de luchar y ser mejores?

Cuando el demonio en forma de serpiente les dijo a Adán y a Eva: "Si comen, serán como dioses", les estaba dando a entender que, tal y como estaban, no eran suficientemente buenos. Los hizo sentirse inferiores, para que luego quisieran ser Dios.

El odio

El odio es un enemigo silencioso, un espíritu implacable que no perdona, y un terrible veneno en las relaciones. Si odias, eres incapaz de relacionarte con los demás; el odio te mantendrá alejado de toda conexión real y desnuda con otro ser humano.

Tal vez culparás a tus parejas por tus desastrosos resultados en las relaciones, sin tener consciencia de que tu odio inconfesado es lo que las envenena. Surgirán todo tipo de excusas por las cuales, lamentablemente, tu relación terminó, dejándote dañado, lastimado y con la frustración de sentirte solo.

Un hombre llegó conmigo muy desesperado, y confieso que me asustó su apariencia y su molestia interior. Me confesó:

— Voy a suicidarme, doctor, pero primero voy a matar a mi esposa, a mi suegro y a mi suegra, y ya después será mi turno. Un amigo me aconsejó que viniera a su conferencia y que lo escuchara, y luego le pedí a su asistente una cita; por eso aquí estoy. Me detectaron un tumor cancerígeno; sé que me estoy muriendo y no pienso esperar a que esto me haga sufrir más.

— *Por favor, cálmese* —le dije— *siéntese aquí, y permítame escuchar su historia.*

— *Bien* —respondió él— *Durante los últimos años me fui a los Estados Unidos, a trabajar como técnico en ferrocarriles, tendiendo* vías y otras cosas. Arriesgué mi vida para hacer más dinero; todo lo que ganaba se lo enviaba a mi esposa. Pasaron varios años y yo apenas tenía lo suficiente para regresar con ella y con mis hijos. Le envíe un mensaje desde Estados Unidos para decirle que regresaba a casa; cuando llegué al aeropuerto esperaba verla a ella con los niños, pero al bajar del avión no vi a nadie. Pensé que quizás no había recibido mi mensaje, pero cuando llegué a mi casa, encontré que no vivía ahí, ni tampoco mis hijos.

Los vecinos me informaron que se había ido con un hombre joven a vivir a otra parte de la ciudad. Fui a verla y la confronté; me dijo que no me quería, y que deseaba seguir con el hombre con quien vivía. No supe qué hacer; me humillé y le rogué que volviera conmigo, pero se negó rotundamente. Fui a ver a mis suegros para exponerles el caso, pero me dijeron que era asunto de su hija, y que ellos no podían obligarla; después me pidieron que me fuera de su casa. Tenía en mi corazón un odio hirviente, y en menos de una semana comencé a vomitar sangre. Ahora el odio me está matando rápidamente, y según los doctores, no hay esperanzas para mí con este cáncer. Quiero matarlos a ellos, y después me voy a suicidar.

Después de escucharlo atentamente, le respondí:

— Esa no es manera de llevar a cabo su venganza. Lo mejor es que usted se sane, encuentre un nuevo trabajo, forme un hermoso hogar, y luego se los muestre a ellos, para que vean lo que fue capaz de hacer con usted mismo desde una situación desesperada. Pero si usted los mata a ellos y luego se suicida, no habrá lección para nadie.

— ¡Los odio a todos! —gritó.

— Cuando uno odia con tanta intensidad se hace más daño a sí mismo que a ningún otro. ¿Por qué no ensaya otra opción? Deje que su Espíritu se haga cargo de sus problemas, entonces los milagros aparecerán y lo harán a usted un ser más valioso. De cualquier manera, se van a morir todos tarde o temprano; ¿por qué no hacer algo útil antes de que esto suceda?

Este hombre lo intentó; trató de empezar con micro conductas, y pasado un tiempo me lo encontré en otro entrenamiento. Me dijo que había recuperado su salud, su estabilidad económica y emocional, pero aún no había podido perdonar a su esposa.

Entonces le pedí que la bendijera.

— No puedo —me respondió— No la puedo bendecir después de todo lo que me hizo. No la maldigo, pero no la puedo bendecir.

— Si tú no la bendices, nunca podrás sanar tu relación, y tu cuerpo no tendrá la salud que necesita. Cuando tú bendices, las bendiciones brotan de ti y se expanden; tú serás el más bendecido, porque el origen de la bendición parte de ti mismo. Existe una historia muy antigua que dice: "Si quieres ensuciar la cara de tu vecino con lodo, debes ensuciar tu mano primero". Si tú maldices a tu esposa, la maldición tocará primero tus labios, pero si tú la bendices, la palabra de bendición brotará de tu corazón y pasará a través de sus labios, así que tú serás el primer bendecido. De modo que, amigo mío, ve y bendice a tu esposa.

Después, mírate la vida, y descubre por el efecto, el poder de la causa. Entonces no creerás en mi recomendación; la habrás hecho vida. Todas tus relaciones serán una evidencia de que has mejorado tu realidad de manera significativa; tus resultados hablarán de tu trabajo interior y de la limpieza que has logrado por tirar a la basura el odio que anidaba en tu corazón.

Este hombre logró reconstruir su vida con mayor dignidad: consiguió un empleo, tiene sueños y una visión de futuro con un negocio propio. Su energía de vida está muy por arriba de donde estaba, y ha logrado tocar la vida de muchos que están pasando por situaciones desesperadas, y que ahora ven en él una esperanza.

Cuando lo veo en mis seminarios sentado entre el público, se me eriza la piel y mi espíritu cobra fuerza para seguir haciendo mi trabajo con la mayor dedicación posible.

El temor

Mucha gente vive presa del temor, y es nuestra responsabilidad ayudarlos a librarse de ese terrible veneno. El temor no se puede superar solo; se necesita la ayuda de alguien externo para minimizar las ideas exageradas que se tienen sobre aquello que se teme. Te invito a evaluar otras maneras de pensar que te ayuden a vivir sin esos temores. ¿Puedes hacer nuevas interpretaciones y elecciones que te den paz?

El temor hace que atraigas lo que temes; cada vez que tu mente teme algo, estás activando el imán de atracción que hace que requieras vivirlo para avanzar en tu realidad. Eso es lo que interpreta tu SER SABIO.

Cuando temes algo en tu relación, lo atraerás para enfrentarlo y dejar de temerlo. Los asuntos que tenemos sin resolver son los que tememos y, por lo tanto, nuestro Espíritu los invita para darnos la oportunidad de superarlos y mejorar como seres humanos.

Los temores se enfrentan
como una posibilidad de crecimiento.

Muchos repiten varias veces la misma lección hasta que, humildemente, la superan. Numerosos temores son creados por nuestra imaginación, como una gran burbuja que, al pincharla, demuestra solo contener aire adentro.

El miedo es la capa exterior del temor mental; es una mentira que pretende paralizarte o apresurarte en tus reacciones y toma de decisiones. Si el temor crece, se puede convertir en pánico, produciéndote parálisis e indeterminación.

Para controlar el temor y el pánico, antes que nada es necesario ponerlos en su justa dimensión, confrontándolos con la realidad objetiva para reconocer lo que la mente ha "inflado"; esto ayuda a controlarlos.

El temor real es manejable, porque puede ser solucionado en la realidad; en cambio, en el mundo mental le damos súper poderes a lo irreal, lo cual vuelve invencibles las amenazas.

El temor nace de la ausencia de fe en nosotros mismos; es la creencia errónea de que no podemos enfrentar algo, cuando en realidad es todo lo contrario. Es la negación de nuestra propia capacidad, y por eso es un veneno para las relaciones desnudas.

Cuando te domina el temor, pierdes el sentido de tu vida, y terminas por no saber a dónde te diriges. Verbalizar y nombrar con palabras claras y precisas, lo que sentimos, reduce el pánico a un nivel manejable; cuando concretas y lo defines qué es lo que temes, más allá de la exageración fantasiosa, se vuelve controlable.

Al tomar consciencia de lo que temes,
deja de controlarte.

La culpa

Mucha gente vive con complejos de culpa. Este es otro veneno que necesitas sacar de ti y no alimentarlo jamás, pues conduce a la depresión. Somos seres imperfectos y cometemos errores, pero tenemos una mente que nos exige perfección. Si escuchas a tu **MENTE QUE MIENTE,** te sentirás culpable por cualquier acto de imperfección humana.

En esta vida pagamos por lo que hacemos. Todo tiene consecuencias: si decides comer más chile del que tu cuerpo está acostumbrado a ingerir, podrás sentir dolor y ardor, producto de esa decisión, pero sentir culpa por haber comido más chile del que debías, es un veneno en la relación contigo mismo.

Una persona madura respondería: "No me quejo de este dolor, porque yo mismo decidí comer chile en exceso". Pagas el costo sin quejarte, pero también sin culparte.

Recuerdo a una mujer joven que vino a verme porque se estaba muriendo y tenía solo 48 años de edad. Ella no entendía lo que le pasaba, pero estaba sumida en una tristeza y depresión tan grandes que la hacían lucir como una anciana. Había ido a los mejores hospitales y el resultado seguía siendo el mismo: los médicos no tenían una explicación científica de su mal.

Al estar con ella, solo le pedí permiso para leer su realidad. Le pregunté si quería seguir viviendo, y me indicó con un ademán que sí. Después le pregunté si quería dejar de sufrir, y me volvió a contestar afirmativamente. Le expliqué que mientras estuviera viva podía tomar la decisión de dejar de sufrir esa pena que la tenía tan sumida en la depresión.

En las siguientes sesiones se sintió molesta al ser interrogada sobre su vida pasada. Le dije que su problema estaba en algo que había hecho y no quería recordar, porque la lastimaba.

Le pregunté por su juventud, y eso bastó para que se alterara; sacando un pañuelo de su bolso comenzó a llorar desconsoladamente. Después de recuperar la respiración, me dijo:

— *Mis padres me educaron en valores y tuve una familia muy bonita. Cuando mi padre murió, me sentí muy sola y enojada con la vida. Dejé de estudiar, comencé a ir a fiestas, a tomar, y quedé embarazada a los 18 años. No quise decirle nada a mi madre, y preferí evadirme con fiestas y salidas. Un día de campo, imprudentemente monté a caballo, y lo hice ir a toda velocidad. Al llegar a un desnivel, el animal frenó en seco y yo salí disparada por los aires. Temí lo peor. ¡Temí por mi vida y la de mi hijo!*

Cuando fui al doctor, me confirmó que había perdido al bebé. No sé si sentí dolor o alivio, pero lo que sí sé es que me invadió la culpa. Primero, por haber tenido una vida tan desordenada, embarazarme y ocultarlo, y después por matar a mi bebé.

Actualmente tengo una bonita familia, pero cuando estoy en la intimidad con mi esposo, me acuerdo de esa época oscura de mi vida; cuando veo a mis hijos, no puedo dejar de pensar en el bebé que perdí y en lo mala madre que soy.

No merezco disfrutar nada de lo que tengo. No tengo derecho a recibir amor. Mi hijo más pequeño me abraza, me acaricia, mientras que yo me odio a mí misma. Soy una prostituta y una asesina; no deseo ni ver mi cara en el espejo, y es por eso que no me maquillo ni me arreglo. He perdido el gusto por todo, y no tengo ninguna felicidad ni alegría en mi corazón.

Después de escucharla, le respondí:

— *Tengo buenas noticias para ti: eres una mujer normal, y como tal, eres imperfecta. Como a todos los mortales, tu imperfección te hace cometer actos tan desatinados como los que me has contado. Sin embargo, ser imperfecta es tu esencia, tu naturaleza, no tu defecto. Tienes que aceptarte como eres, y perdonarte.*

— *Cualquiera puede ser perdonada, pero yo no. Yo he hecho de todo, incluso he traicionado a mi madre; le he ocultado la verdad y no puedo confesarle lo que pasó.*

Le pedí que cerrara los ojos y le dije:

— *Yo voy a cerrar los ojos contigo; ahora vayamos juntos a un bello y tranquilo lugar. Frente a nosotros está un gran lago con agua azul turquesa en perfecto estado de reposo. Tú y yo estamos en la orilla, y hay muchas piedras alrededor. Yo tomo una chiquita en mi mano, y tú tomas una muy grande. Ahora, arrojemos ambas piedras al lago: la mía pequeña y la tuya grandota.*
Primero lanzo la mía... Arrojo mi piedra al lago...
¿Oyes el sonido? Un leve murmullo y unas pequeñas ondas; pero ahora ¿dónde está la piedra?, ¿La puedes observar?

— *No puedo verla; se ha ido al fondo del lago* — me respondió.

— *¡Correcto!* —le respondí— *Ahora te toca a ti arrojar tu piedrota... ¿Ya lo hiciste?*

— Sí...

— Fíjate que hizo un gran ruido y generó olas más grandes, pero ya no puedo verla... ¿y tú?

— Tampoco. Se ha ido al fondo del lago.

— Bien —respondí— Parece entonces, que tanto mi pequeña piedra como tu gran roca, se han ido al fondo del lago. La única diferencia entre ambas fue el sonido y el tamaño de las olas, pero en este momento el lago luce tranquilo, y nuestras rocas no se ven, porque están en el fondo.
Observa que la vida continúa, y que lo que vale es lo que haces ahora. Lo que hiciste en el pasado tuvo sus consecuencias, pero ahora te toca vivir la vida nueva que tienes.
El pasado fue y es real, pero está en el fondo del lago y no lo puedes modificar.
Deja el pasado en el fondo, como hace el lago; asume que todo lo que haces ya tuvo o tendrá consecuencias que deberás pagar con gusto, sin quejas, pero que la culpa de lo que has hecho se queda en el fondo. El pasado no debe ser recordado por tu Espíritu, sino aceptado con humildad, porque eres un ser humano imperfecto, que se ha equivocado, pero que vive en el presente, dejándose guiar por lo que la vida le pide que haga con sus nuevas relaciones.

Esas palabras le llegaron al alma, y despertó a la verdad.

— ¿Eso significa que puedo perdonarme a mí misma?

— *Sí* —le contesté— *Dios nos amó imperfectos y los imperfectos* cometemos errores. Si estás viva significa que el Ser que te creó *no te ha juzgado; tienes la oportunidad de hacer el bien y generar bendiciones para ti, tu familia y para todos los que te rodean.*

Puse mi mano sobre su hombro y la guíe hacia la puerta; alcancé a ver el brillo en sus ojos y su rostro comenzó a resplandecer, sabiendo que tiene la vida por delante.

> *Puede hacer tu vida espectacularmente buena; no permitas que la culpa que te lo impida.*

Al liberarte de la culpa, destapas el manantial inagotable de los recursos materiales y espirituales de tu interior, y estás listo para crear relaciones desnudas que te lleven a mejorar tu realidad completa y la del otro.

Las relaciones pasadas suelen convertirse en venenos que matan nuestras relaciones en el presente; por supuesto que no todo fue malo, pero para la mente (fatalista por naturaleza), es más fácil recordar los acontecimientos dolorosos, y volver a revivirlos como si estuvieran ocurriendo, una y otra vez.

Te propongo que te atrevas a sacar un buen aprendizaje de las relaciones que viviste en el pasado; mi invitación es que tengas el valor de recrearlas y tomar lo positivo. Suelta aquello que te oprime. ¡Lo mejor está por venir!

Más venenos y sus antídotos

Por fortuna, la humanidad está cada vez más dispuesta a reconocer que se encuentra enferma, y este siempre es el primer paso para cualquier proceso de sanación.

Muchos de los agentes patógenos responsables de las crisis actuales pueden contrarrestarse con sencillos procedimientos:

Contra abuso/cuidado

No abuses y no permitas el abuso. Dos personas en desacuerdo, discutiendo sus diferencias y tratando de encontrar una solución en conjunto, es una pelea sana. Sin embargo, las peleas pueden volverse abusivas.

La expresión del enojo generalmente es saludable; el abuso no lo es. El abuso involucra a dos personas infligiéndose dolor de manera no saludable.

El comportamiento abusivo incluye devaluación, insultos, amenazas, sarcasmo cortante y continuo, hablar sin tomar en cuenta las necesidades y los sentimientos del otro, negar la realidad, o negar el derecho que cada quien tiene de expresar su punto de vista.

El abuso implica humillar o avergonzar al otro por sus opiniones; hacerlo sentir minimizado, incompetente y hasta calificarlo como un caso patológico (eres mojigata, frígida, eres un loco, criminal, estás mal de la cabeza). Esto denigra al otro, y genera como reacción la venganza o la sumisión y anulación del afectado.

Permitir que tu pareja te trate de ese modo no es sano; por el contrario, es un tipo de cobardía. Si es este tu caso, necesitas recobrar tu valor; pide ayuda profesional o apóyate en un consejero de confianza.

Si existe abuso físico, seas hombre o mujer, guarda evidencias (fotos de tus moretones, audios amenazantes u ofensivos); aléjate definitivamente sin dar oportunidad a que se repita el comportamiento, y denúncialo. Considera lo mucho que vales, y lo que vale tu familia. ¿Por qué el antídoto contra el abuso es el cuidado, y no simplemente el respeto?

Porque el cuidado es activo, implica estar pendiente de los sentimientos y necesidades del otro para que siempre esté bien, como la rosa del Principito, que era importante por el tiempo y cuidados que él le dedicaba.

Cuando se habla de niños que han sufrido abuso, casi siempre se habla también de abandono y falta de cuidados. Aprender a cuidarse y cuidar al otro es estar un paso adelante, prever los peligros y las situaciones riesgosas que podrían presentarse, y hacer la vida más llevadera.

Cuidar es nutrir, atesorar la vida del otro.

Esta definición incluye palabras como guardar, conservar, asistir, mirar por la salud del otro, dar buena vida, poner diligencia, atención y solicitud. Esto significa que el cuidado requiere diligencia, sabernos conducir con prontitud en beneficio de los demás, pues hay cuidados que, si no se dan a tiempo, es como si nunca se hubieran dado.

Contra victimismo/responsabilidad

Cuando dejas de vender, culpas al mercado; cuando estás soltero culpas a las mujeres, a los hombres o a la época; cuando te enfermas culpas al cocinero y al restaurante, pero no a tu decisión de comer más de lo necesario, y cuando ya no hay nadie a quién culpar, culpas a la vida.

Recuerda que, para tu mente, tú estarás siempre en lo cierto y los demás serán los culpables de todos los resultados que no deseas ni necesitas en tu vida.

La vida no se aleja, somos nosotros quienes nos alejamos de la vida, porque creemos las mentiras de la **MENTE QUE MIENTE** y terminamos adoptando "realidades irreales", convirtiéndonos en víctimas, llenos de rencores, reclamos, envidias, resentimientos, maltratos, dolor.

Asumir el papel de víctimas nos permite sacar ventaja de la gente generosa que no nos conoce, hasta que se dan cuenta y huyen lo más lejos posible. Al alejarnos de la vida, nos alejamos de la realidad y entramos en el mundo de la teoría, la proyección mental de "lo que debería ser, pero no es". Es la locura de la **Mente Que Miente,** que nos lleva a preguntarnos por qué nos va tan mal, si nosotros hemos hecho todo bien.

Cuando quieras saber si lo que alguien dice es verdad, solo mírale la vida: ¿Qué ha conseguido, y en qué clase de persona se está convirtiendo? ¿Asume siempre el papel de víctima? ¿Reacciona culpando a los demás?

Lo que has hecho con tu vida
se escucha más fuerte que lo que dices...

Contra queja/gratitud

Las personas que se quejan continuamente van minando su propia energía y la de los demás; no hay nada que haga la vida más difícil que vivir reclamando por cada cosa que nos sucede.

Nunca estaremos libres de contradicciones y sucesos desagradables; es imposible caminar sin sentir las piedras del camino. Si nos quejamos, vemos un solo lado de la moneda, quedando pobres ante la riqueza de la vida.

¿Qué pasaría si fueras agradecido con todo lo que te pasa? No solo con aquello que percibes como bueno y agradable, sino incluso con lo que no te gusta, pero que lo podrías agradecer como si lo hubieras deseado y atraído a tu vida.

Nunca sabes qué bienes llegan a ti disfrazados de males, pero aún si fueran grandes pruebas y dificultades, el recibirlas sin queja las hará más llevaderas, pues bendiciendo su llegada te dispones a resolverlas de la mejor manera.

La gratitud te permite reconocer la sabiduría de la realidad, y ser humilde.

No puedes establecer una relación desnuda desde la queja:

- Para los demás, es un repelente.
- Para una posible pareja, una señal de alerta.
- Para el Universo, una advertencia de que no puede prodigarte nuevas oportunidades de crecimiento y bendiciones
- En tu relación con Lo Eterno, es una señal de falta de confianza. La gratitud, en cambio, es la llave para acceder a más bienes. Uno siempre quiere darle más a una persona agradecida; ser agradecido nos hace ver lo positivo de todo lo que hay en nuestra vida.

Los *good finders*, personas que encuentran lo bueno en todo, son seres humanos más felices y viven más en la realidad, pues no es tan mala como la pintan.

Contra culpa/responsabilidad

El sentimiento de culpa tóxica nos lleva a castigarnos por algo que, a nuestro juicio, hicimos mal y no merece perdón. En lugar de hacernos reaccionar y tomar acción para reparar el daño, la culpa tóxica nos paraliza, convirtiéndonos en víctimas de nosotros mismos.

La responsabilidad personal implica asumir las consecuencias de nuestras acciones; quien se queda en la culpa, puede sentirse el causante del mal o culpar a otros del daño, en cualquier caso, permanece al margen, en lo anecdótico. Ser responsable es actuar como el jefe de un cuerpo de emergencias que llega al lugar de la tragedia, no para juzgar al herido, sino para socorrerlo.

Simplemente, actúa para resolver el problema.

Contra vergüenza/aceptación

Desde muy pequeños aprendemos a vivir con vergüenza. Nadie nos dijo que es natural tener sentimientos de maldad, de crueldad, de celos, envidia, rencor...

Con el tiempo vamos coleccionando otras vergüenzas: de no ser suficientes, de vivir el despertar de la sexualidad, de competir con otros para ganar reconocimiento, y en el fondo, nos sentimos farsantes...

Es normal que un niño desee lastimar a su hermano, pero al ser señalado por ello, concluirá que es mala persona, y que al ser descubiertos sus pensamientos lo expulsarían de la familia.

Aceptarnos como seres humanos falibles nos ayuda a poner en perspectiva nuestro auto concepto. Quien se acepta a sí mismo con sus fallas, errores y vergüenzas, está listo para tener una relación desnuda con el otro, consigo mismo –sin ocultarse sus sombras– y con Lo Eterno, en quien pone su confianza y de quien recibe aceptación incondicional que fortalece y alimenta el resto de sus relaciones.

No basta con aceptarse, ¡hay que festejarse!

Contra juicio/comprensión

Los seres humanos estamos prestos a juzgar. Nuestra **MENTE QUE MIENTE** quiere siempre medir, comparar, calcular; esto nos sirve para sobrevivir, pero no para sentirnos realmente vivos y plenos.

Cuando el juicio contra nosotros es continuamente crítico, nos paralizamos como niños temerosos ante un padre castigador. Quien se juzga muy duramente a sí mismo hace a los otros huir de su presencia, pues no quieren ser medidos con la misma vara. Los hijos de padres que critican mucho a los demás, crecen con temor y baja autoestima, pues aplican ese mismo juicio contra ellos mismos.

Fijarse en lo bueno no es faltar a la realidad: tan errado está el que ve todo positivo como el que lo ve todo negativo; entonces, si te vas a equivocar, que sea a tu favor.

Cuando damos el beneficio de la duda y pensamos que tal vez haya alguna buena razón por la cual una persona se comporta de determinada manera, estaremos más dispuestos a disculpar en vez de condenar.

La comprensión es básica en las relaciones desnudas. Aunque nunca comprendamos del todo al otro, vale la pena intentarlo; estar abiertos a captar sus motivos, sus sueños, las cosas que le molestan, su estado de ánimo.

Quien aprende a comprender y a aceptar,
deja de juzgar... Y de juzgarse.

Contra evasión/atención

La poca educación que tenemos en el manejo de las emociones, y la posibilidad de ingresar al espacio virtual gracias a la tecnología, han facilitado evadirnos ante las dificultades de la vida.

Muchas personas se quejan de que su pareja o sus hijos ya no viven con ellos, aunque físicamente habiten en la misma casa. Antes, las personas al menos compartían una película, escuchaban música; tenían algo en común de qué hablar, pues lo habían experimentado juntos. Hoy en día, el uso de dispositivos electrónicos de todo tipo ha facilitado el entretenimiento más individual, y hemos ido perdiendo espacios en común.

La atención es valiosa: en el mundo actual, donde los canales por internet funcionan con publicidad, nuestra atención es el recurso más preciado.

Ponemos mucha atención a memes sin importancia, a noticias y sucesos de personas que casi ni conocemos, mientras ignoramos a los que decimos amar. Damos atención a escándalos que nos roban energía, sobre los que no tenemos control, y nos quedamos sin fuerzas para las acciones que están a nuestro alcance y que pueden cambiar positivamente nuestros días.

Si pones tu atención
en lo que realmente vale la pena, serás rico.

Contra egoísmo/entrega

A nadie le gusta vivir con un egoísta. Todo se trata de él, de su placer, de sus intereses. Las personas a su alrededor se convierten en escenario de sus nuevas aventuras, o satisfactores de sus caprichos. No se pueden establecer relaciones sanas con una persona egoísta, y menos aún relaciones desnudas.

La persona que se entrega, en cambio, sabe reconocer su propio valor, y considera que es un presente muy valioso que decide ofrecer a otros.

Dándose a los demás por su propia decisión, se goza a sí misma y se nutre, al tiempo que crece. Quién sabe entregar su tiempo, su modo de ser, su alegría, su unicidad, está listo para establecer relaciones desnudas.

Entregarse no es perderse, sino crecer
en la relación con los demás.

Contra soberbia/humildad

Las personas soberbias, incapaces de la autocrítica y de reconocer sus errores, no pueden establecer relaciones sanas.

¡Cuántas rupturas son causadas porque una de las partes no quiso aceptar que había aspectos en los que debía mejorar!

Humildad no es sentirse menos; ¡todo lo contrario! Es asumir con naturalidad que no somos perfectos, y que, por lo tanto, tampoco lo son los demás, ni las relaciones que establecemos con ellos.

Quien aprende a ser humilde,
está más dispuesto a gozar de una relación desnuda.

Contra desesperanza/esperanza

Ya sabemos que la desesperanza es una de las emociones más letales, pues ni siquiera admite el potencial de curación: como la persona ya se ha rendido, no hay ayuda que valga.

La esperanza es para el cristianismo una virtud teologal, es decir, que rebasa el mundo natural. Se trata de la confianza en lo que estamos llamados a ser, a vivir y a gozar, más allá de las dificultades que surgen en este plano temporal.

La esperanza humana nos llena de energía y vitalidad, como el combustible que nos impulsa a seguir avanzando con expectativas sanas: alcanzar nuevas metas, ver crecer a los que amamos, que un ser amado recupere la salud... Y, sobre todo, atrevernos a establecer relaciones desnudas.

Contra máscaras/desnudez

Con el pasar de los años vamos añadiendo a nuestra piel diversas capas que consideramos protectoras, pero que también nos impiden sentir.

En nuestro actuar, nos inventamos personajes detrás de los que nos escudamos, y hasta nos encogemos para caber en viejos caparazones del pasado.

Las relaciones desnudas exigen ir identificando estos mecanismos de protección y poco a poco dejarlos ir, al tiempo que curamos las heridas que permanecían ocultas.

No con cualquiera se puede establecer una relación desnuda, pero no se puede crecer plenamente como persona si no se establece al menos una relación significativa, aunque no sea de pareja necesariamente.

La desnudez debe lograrse primero ante uno mismo y de cara a Dios, para luego vivirla con el otro.

Solo si te miras tal y como eres,
podrás ser un espejo fiel para los demás.

Capítulo 3

Las bondades de la confrontación

C omúnmente se cree que las peleas son también un veneno, pero no es así. Lo importante es saber enfrentar el conflicto de manera sana y constructiva.

Los conflictos bien llevados pueden ser de gran utilidad para dejar salir el vapor de la olla de presión y evitar que explote.

Quien nunca disiente está en graves problemas; si no sabes manejar las diferencias, también estás en dificultades, pero si aceptas que los conflictos son parte de cualquier relación y aprendes a resolverlos, estarás viviendo sanamente tus vínculos.

Aprende a tomar distancia y busca el momento oportuno para afrontar los conflictos, pero no escondas los problemas; no niegues que estás en dificultades a la persona con la que tienes una relación, ni ocultes que te sentiste ofendido o lastimado.

¿Puedes imaginar una relación real sin desacuerdos? Eso es una fantasía. Además, si fuera real, estarías en una vida sin retos y sin sabor. ¡Tal vez te aburrirías!

Muchas veces los conflictos "no aparecen", simplemente porque uno de los dos está condescendiendo para mantener una aparente armonía con el otro, y de esta manera se somete para que no haya problemas o discusiones en la convivencia cotidiana.

Un "sí" para el otro es un "no" para sí mismo.

Quien se anula para tratar de mantener una relación, termina frustrado y se pudre por dentro. El objetivo de la relación es crecer, y para lograrlo, la vida te da conflictos. Así de simple.

Las peleas no son agradables; por el contrario, suelen ser dolorosas y desgastantes, porque las partes asumen una actitud de sobrevivencia, atacando y defendiéndose. Hay adrenalina, miedo, agresividad; se despierta el gorila que todos llevamos dentro, y esto dificulta llegar a soluciones inteligentes y creativas.

Muchas veces es mejor retroceder y dejar que las cosas se enfríen, antes de involucrarnos en discusiones realmente serias; sin embargo, es más fácil decirlo que hacerlo.

En toda lucha surja algo de calor; sin embargo, es importante conocer tu propio medidor de presión. Algunos pueden manejar un alto grado de furia en una discusión, y aun así llegar a una solución; en todo caso, mi sugerencia es no dejarte llevar al punto máximo de tolerancia, pues es probable que pierdas el control y explotes, sin que seas capaz de medir las consecuencias.

Es importante que desarrolles la habilidad de detenerte antes de llegar a este punto, y la mejor forma de lograrlo es contar con una señal predeterminada. Puedes decir: "¡Tiempo!", que traducido a tu idioma significa: "voy a perder los estribos y necesito detenerme en este momento". En mi caso, lo que hago es ir a tomar una ducha y relajarme bajo el agua.

Un punto importante es: no utilices este recurso como una excusa para abandonar la escena después de agredir a alguien. Si después de una discusión le dices a tu pareja: "voy a salir y no sé cuándo volveré", es como si le dieras una bofetada.

Cuando te retires de una discusión para no explotar, debes hacerlo de manera responsable; puedes por ejemplo, determinar un tiempo y asegurarle a tu pareja que regresarás al rato, o que la llamarás: "Regresaré en diez minutos" o "Hablaremos hoy por la noche".

Tu pareja ha tenido un mal día en la oficina; el coche está fallando por enésima vez y los niños están insoportables. El estrés lo sobrepasa y tú eres la persona que tiene cerca. Será de gran ayuda si reconoces que su comportamiento no tiene que ver contigo.

Una pelea es una forma de liberar energía respecto a situaciones que, en el fondo, tal vez no tengan que ver contigo. La habilidad que necesitas desarrollar es ser capaz de reconocer las razones externas que provocan las explosiones emocionales de los demás, y mantenerte fuera de la tormenta para ayudarles a calmarse.

Tal vez necesiten apoyo –no oposición–, y simplemente no son capaces de pedirlo en ese momento. Si eres tú quien se desborda y solo necesitas desfogarte, considera otras formas de liberar tu frustración en vez de cargársela a los demás.

La próxima vez que estés en una pelea en la que ambos se mantengan inflexibles, cada uno en su esquina de la verdad, prueba a decir repentinamente: "¡Ok! Digamos que tienes la razón; ahora, ¿qué quieres?"

Si tener la razón es más importante para ti que resolver la situación, entonces no hay mucho más que decir, excepto: ¡disfruta tus peleas!

Todas las peleas, sin importar de lo que se traten, son el resultado de sentimientos de dolor. El dolor se esconde detrás de muchas palabras, y éstas causan más dolor; así continúa el ciclo.

Lo que motiva la pelea
es la forma como escondemos nuestro dolor.

En una pelea, trata de regresar al momento real:

• "Lo que está pasando ahora es que me estoy sintiendo lastimado por lo que me dices".

- "En este momento me siento...".
- "En este momento lo que deseo es...".

En el caso de las peleas con tu pareja, puedes completar estas frases con acciones de unión; incluso si él o ella contesta yendo al pasado o al futuro, tú puedes contrarrestar la situación con otra declaración:

- "En este momento, quiero dejar de discutir y darte un abrazo"
- "En este momento siento que no vamos a ningún lado y prefiero hacer algo diferente."
- "Me gustaría dejar de discutir y darte un beso"
- "En este momento puedo darme cuenta de que estás ofendida y quiero recompensarte"

Son algunos de los muchos ejemplos que mis alumnos han utilizado cuando tienen una pelea con sus parejas. Un ingrediente fundamental en las relaciones desnudas es la transparencia. Declara tu posición en el presente; esto significa que expreses:

- Lo que quieres
- Lo que está pasando contigo ahora
- Lo que piensas de todo esto que pasa
- En dónde estás parado

Cuando hablas desde tu **SER SABIO,** desde tu Espíritu, generalmente se nota en la conducta, porque tus actos dejan de ser reactivos y se vuelven más reflexivos.

Patrones poco sanos en la relación

Últimamente se habla mucho (y muy mal) de "la zona de confort"; pero no nos explican el verdadero problema. La zona de confort podría llamarse también "más de lo mismo"; cuando te ubicas allí, dejas de crecer: prefieres quedarte en una relación abusiva porque es lo que conoces; no te interesa ascender en tu trabajo porque tendrías que esforzarte más...

Las personas que prefieren permanecer en su zona de confort actúan como **Agentes**, no como **Autores** de sus vidas. Quien asume la responsabilidad de ir más allá de lo dado, podrá experimentar vértigo, pero tendrá un recorrido fantástico. Así funcionamos los seres humanos, pues la certeza absoluta solamente está en morir.

Cuando te atreves a salir de "más de lo mismo", tu cerebro lo interpreta como una amenaza a su estabilidad, y su reacción natural es hacerte volver. Si logras resistir y te mantienes temporalmente en esa zona de amenaza, terminarás conquistándola, y de esa manera tus límites se habrán expandido. Habrás crecido.

Lo que hace poco te parecía amenazante o fuera de tu alcance, ahora se vuelve parte de "más de lo mismo", y otra vez vas a necesitar salir a explorar nuevos horizontes.

Ese es el círculo de la creatividad. Tu cerebro siempre dirá: "regrésate, haz lo que siempre has hecho, mantente lejos de la zona de amenaza; lo importante es que sobrevivas, no que te realices".

Cuando logras ignorar a tu **MENTE QUE MIENTE,** y avanzas a pesar de sentirte amenazado, creces y te conviertes en el autor de tu vida.

Muchas parejas tienen problemas en su relación, no solo porque tienden a hacer "más de lo mismo" que hicieron sus padres, o a practicar "más de los mismos" hábitos dañinos de su vida de solteros, sino porque se empeñan en perseguir "lo correcto".

Pero... ¿qué es "lo correcto"? Es una construcción de la mente que me dice "qué debo esperar" de mi esposo o esposa, qué debo exigirle, y me olvido de la persona concreta con quien he unido mi vida, esperando que se convierta en ese ideal que la sociedad o mi ego me piden.

Curiosamente, la "sociedad" también es una abstracción, y no le podremos dar gusto a todos; lo que sí puede pasar es que en el proceso de intentarlo, terminemos por destrozar nuestras relaciones más importantes.

Conozco parejas que se separaron debido a infidelidades o reveses financieros, y sé que, de haber sido por ellos, en el fondo hubieran estado dispuestos a perdonarse y volver a empezar, pero la presión de sus familias y amigos los lleva a romper definitivamente, pues "no es lo correcto tolerar algo así".

*Nadie conoce mejor que nosotros
las verdaderas circunstancias de nuestros problemas.*

Así como tampoco los demás podrán saber qué es lo más adecuado o conveniente para nuestra vida. Por ello, es mejor siempre lavar la ropa sucia en casa; debemos atrevernos a tomar las decisiones que nuestro **SER SABIO** nos dicta, aunque para los demás resulten ilógicas o reprobables.

Seguramente tus padres, tus hermanos o tu cónyuge hacen cosas que no se consideran correctas; tal vez son muy talentosos en unas áreas y limitados en otras, o tienen pequeñas manías sin importancia que se agrandan ante la lupa de tus vecinos y amigos. ¿Por qué no mirarlos con tus propios ojos, con tu mirada desnuda de prejuicios?

Cada relación es única, como una huella dactilar. Cada pareja es un prodigio, y como tal hay que cuidarla y mantenerla, sin pretender aplicarle los moldes del juicio ajeno.

*Tu estado de ánimo afecta tu salud
y tu percepción de la realidad.*

La ira, el miedo, la frustración, el decirte "no puedo, soy víctima", enturbian tu estado de ánimo, y como resultado, pierdes tu capacidad de analizar, crece tu cintura, se reduce tu memoria de corto plazo, te da insomnio y gastritis, aprendes menos y sufres más.

Cuando decides tomar el volante de tu vida, encuentras en la realidad situaciones que tienen que ver con tus proyectos y los favorecen, pero sucede lo mismo en negativo: cuando tomas el rol de víctima, encuentras en la realidad –o en su interpretación hecha por tu **MENTE QUE MIENTE**– situaciones que confirman tu visión pesimista.

Si crees que no puedes, este sistema te da las razones para confirmarlo. Tu decisión es fundamental.

Propongo un ejercicio: A todo lo que normalmente dices "no puedo", di "no quiero"; verás que es más acertado y te llena de poder. También devela tus verdaderas razones: si dices no poder hacer algo, es porque en realidad, muy dentro de ti, no quieres.

Sé honesto, desnúdate; deja de sabotearte.
Mejor, decide desde la responsabilidad y el poder.

Tu vida está siempre en movimiento. La inmovilidad es signo de muerte; el agua estancada no nutre, la pasividad mata.

Todo lo que tiene que ver con lo humano está allí para desarrollarse: los sentimientos, las habilidades, la amistad, los vínculos... La vida es una dinámica que amerita mantenerse en movimiento. Este desarrollo en constante expansión te produce felicidad y te mantiene cuerdo y sano; por el contrario, cuando tu forma de vivir detiene tu crecimiento, envejeces, y todo lo que envejece tiende a morir.

Eres un ser temporal; existes en el tiempo. El movimiento es una condición de nuestra naturaleza y un elemento necesario para renovarnos, para crecer.

A menos que seas Dios y hayas alcanzado todo lo que estás llamado a ser y lograr, requieres moverte, avanzar paso a paso hacia tu realización a lo largo del tiempo, a cada instante. La frustración existencial se presenta, entre otras formas, como neurosis de la falta de ocupación.

> *La inacción, la falta de movimiento,*
> *favorece la locura.*

El movimiento, además, requiere un sentido y una dirección. No se trata de moverse por moverse, sino de hacerlo para llegar a una situación mejor, y en el proceso, transformarse favorablemente.

El camino que emprendas en esta vida no está diseñado para recorrerse en soledad; hace falta la relación con otros. Así como las piedras de río adquieren su forma por el choque con otras rocas y la envolvente friega del agua, del mismo modo las personas pulen sus aristas al relacionarse. Las piedras de río nadan desnudas en la corriente; son lo que son, sin simulaciones ni falsas apariencias. Del mismo modo, tu camino de realización profunda te exigirá establecer relaciones desnudas: sin ropajes que escondan tu verdadera naturaleza o tus heridas originarias; sin prejuicios, imposturas o engaños.

El mejor diamante solamente se puede pulir con otro diamante; es así como un hombre y una mujer van reflejando su brillo, a través de los encuentros y desencuentros de su diaria travesía.

El filósofo español Xavier Zubiri ha señalado que el hombre es "un ser abierto a las cosas", capaz de crear nuevas realidades cuando vive su realidad con apertura.

Quien se encierra en sí mismo o no se relaciona, mutila su creatividad; es por ello que quiero mostrarte cómo moverte y gozar en una relación que te hará renovarte y acceder a nuevas posibilidades.

Cuando estamos conectados con la verdadera realidad, los resultados se dan, porque ella vibra en el nivel más alto de energía, capaz de transformar lo que sea.

Conocer la llave de la realidad que abre todo lo que un ser humano desea alcanzar, es la clave de mis seminarios.

Lo más importante es la honestidad y la confianza: si actúas mintiendo, lo haces desde el miedo, y si lo que deseas es abrir las puertas del éxito, la satisfacción y el placer de ser tú mismo, estás usando la llave equivocada.

Al perder la confianza en ti mismo, la pierdes en los demás, y tu energía comienza a vibrar en frecuencias muy bajas; entonces dejas de ser autor y creador de realidades, y pasas al rol de actor.

*Todo lo que existe está hecho de energía,
y los seres humanos no somos la excepción.*

Cada uno de nosotros emite una frecuencia energética única, y atraemos a nuestra vida todo lo que vibra en nuestra misma sintonía.

El neurocientífico Candace Pert afirma que todas nuestras vivencias y experiencias no solo quedan almacenadas en nuestro cerebro, sino en toda una red psicosomática que se extiende a lo largo y ancho de nuestro cuerpo.

Cada una de nuestras células retiene memorias almacenadas en forma de energía; de allí el término "infoenergía", usado para definir toda la información contenida en nuestro campo electromagnético particular, relacionada con nuestra herencia genética y nuestra historia individual, incluyendo experiencias del alma, memorias de nuestros antepasados y hasta información proveniente de la cultura en la que fuimos educados.

La "infoenergía" nos diseña. Respondemos a nuestra vida de acuerdo a esos patrones archivados en nuestra memoria celular que, de forma inconsciente, influyen en la manera como enfrentamos nuestras experiencias del día a día.

Nuestro campo electromagnético está diseñado para emitir vibraciones positivas naturalmente, pero a veces puede cargarse de energía emocional negativa; es lo que ocurre cuando nuestras heridas del pasado, conscientes o inconscientes, generan interferencias en nuestra frecuencia vibratoria, causando enfermedades y conflictos en los distintos aspectos de nuestra vida.

Para establecer relaciones desnudas y prósperas en el presente, necesitamos sanar nuestra memoria energética y equilibrar nuestras vibraciones con vivencias y hábitos positivos.

Vivimos expuestos a información negativa; sufrimos por amenazas potenciales que nos generan un estado de estrés sostenido, aunque la verdad es que un alto porcentaje de nuestras preocupaciones se deben a situaciones que nunca sucederán.

Muchas de las enfermedades que nos aquejan provienen de esta atención puesta en la **Mente Que Miente**, que imagina, idealiza y nos asusta con pensamientos aterradores cargados de infoenergía de polo negativo, que enturbia nuestra capacidad de vibrar en altas frecuencias.

La solución para ello es: ¡Enfócate!

¿Qué es vivir con enfoque? Simplemente, no pensar en la dificultad, sino en lo que ganarás si te pones en acción. Esto es lo contrario de lo que nos han enseñado; la gran noticia es que cuando te concentras en la meta, el esfuerzo fluye de manera natural y espontánea.

Si te pidiera que te cuelgues de una barra de aluminio, tal vez resistas unos pocos segundos, pero si esa barra es tu asidero a la vida, porque estás colgado de un edificio en construcción, serás capaz de esperar el tiempo necesario hasta que te rescaten. ¿Qué quieres que suceda en tu vida? ¿En quién te quieres convertir? ¿Qué clase de relación estás creando?

Descubrirás que puedes romper con aquellas pautas repetitivas de relaciones pasadas, de hábitos dañinos, fuentes de frustración; si te enfocas, te ubicarás en la posición indicada para atraer a alguien con quien puedas trabajar por una relación sana y significativa.

La vida y las relaciones son un duro juego en el que se cruzan fuertes apuestas; de lo bien que juegues, dependerá cómo progreses y cuánto crezcas. Aprende a jugar lo mejor que puedas, lo más pronto posible, pues vas a necesitar herramientas para enfrentar los conflictos y dificultades que naturalmente una relación de calidad te presenta.

Es importante que busques enriquecerte y desarrollar tus habilidades para crear una relación desnuda, que te sane y te haga fuerte para enfrentar la vida.

Cuando tu sentido común dirige su atención hacia tu experiencia, podrás ver lo que funciona en realidad, y no lo que tu mente inventa. Yo me enfoco en la gran satisfacción que obtengo de dar lo mejor de mí a los demás, de tres formas: escribiendo un libro, dando una conferencia e impartiendo la Maestría en Ti Mismo.

Tus talentos

El sentido de la vida no es material, sino espiritual. Si vas a poner un negocio o emprender un proyecto, tienes que lanzar la soga e ir jalando. No importa si tienes miedo o una sensación de vacío; solo enfócate.

La sensación de incertidumbre te acompañará siempre; nada llenará del todo tus aspiraciones, pues así estamos diseñados. Sin embargo, vale la pena plantearse objetivos y alcanzarlos.

Quien se deja abatir por el miedo, está muerto; quien trata de llenar su sensación de vacío con cosas, nunca lo logrará, y se perderá la oportunidad de plantearse metas con sentido.

La realidad cotidiana nos manda órdenes a través de nuestro **SER SABIO;** si las obedeces, te llenas de energía. Esa voz interior te ordena ir más allá, y eso le da sentido a tu vida: no es hacer "lo correcto" o lo que otros esperan, sino lo que, muy adentro, sabes que estás llamado a ser y hacer.

La mayoría de la gente que está cerca de la muerte se lamenta por no haber vivido de un modo más acorde a lo que anhelaba en su interior, sino atendiendo las necesidades y expectativas de los demás. Si no escuchas tu voz, no utilizarás tu poder; pierdes tu energía y te mueres en vida. La existencia cobra sentido cuando te vinculas y te conviertes en autor de tu realidad.

Cuando te lanzas a emprender proyectos y a conquistar tus sueños, te vinculas contigo mismo a través de tus metas; y generas relaciones sólidas con los compañeros de camino: amigos, socios, familiares o pareja. Eres parte de su historia, y ellos de la tuya: te relacionas de manera plena, desnuda.

Hay indicadores en la realidad que se presentan de manera recurrente; si no los tomas en cuenta y no escuchas tu voz interior, estás muriendo en vida.

Tus talentos no son tus cualidades, sino la voz interior que te va guiando en tu misión.

No suelen ser lógicos, sino órdenes sutiles que vas recibiendo, y que si quieres, puedes ignorar. Hay que dejar la piel en seguir nuestra misión. Santa Teresa lo decía: "Aunque me canse, aunque no pueda, aunque reviente, aunque me muera".

Te llenará de felicidad hacer lo que tu Espíritu te pida, cueste lo que cueste; solo así la plenitud llegará a tu vida. Sigue las órdenes de tu voz interior; de otro modo, de nada servirá tu éxito exterior ni el reconocimiento de los demás, porque en el fondo siempre sabrás que tu camino era otro.

En su famoso discurso pronunciado en Stanford en 2005, Steve Jobs hacía alusión a cómo los acontecimientos de su vida, los reveses y situaciones ilógicas, adquirieron sentido vistos en retrospectiva. Al conectar los puntos, podía ver el porqué de vivencias que parecían fuera de lugar o dramáticas. Esa conexión de puntos que dotaba de sentido a lo vivido solo era visible mirando hacia el pasado. Tengamos confianza en que las cosas que no entendemos ahora, las veremos con claridad más adelante.

El punto es ser capaces de mirar el momento presente y darle sentido al pasado; a veces, ver hacia adelante nos da vértigo, pero el mensaje espiritual en nuestro interior le da sentido a la incertidumbre.

Aunque sientas temor, ¡lánzate!
Recuerda que no estás solo.

Juégate el pellejo y no busques el control. Si quieres total seguridad, solo la encontrarás en una prisión, y quizás ni siquiera allí. Solo con autoestima puedes atreverte; la autoestima se alimenta de la observación de ti mismo, sin juicios, reconociendo de lo que eres capaz. Como antes dije, no te pasará lo que deseas, sino lo que esperas. Llénate, entonces, de esperanza.

La energía surge de una decisión honesta, aunque dudes, te cueste y parezca riesgoso o ambiguo. Es una orden de tu **SER SABIO**, y hay que seguirla. Esas órdenes sutiles o más explícitas son tus talentos, como aquellos de los que habla el Evangelio: no los entierres por miedo. Cuando sigues tu camino con honestidad, se abren las veredas y descubres nuevos parajes.

A veces pedimos a nuestros padres, amigos, cónyuge o hijos algo que se les dificulta darnos. También, en ocasiones, nos exigimos justamente aquello en lo que siempre tropezamos, en lugar de ver nuestros avances en otras áreas. Caemos, entonces, en la desesperanza y desvalorización.

En un capítulo de El Principito, el Rey del Asteroide 325 daba mucha importancia a a obediencia y la disciplina. Decía ser un rey poderoso, a quien obedecían hasta las estrellas. Al pedirle el Principito que ordenara una puesta de sol, respondió:

— *Tu puesta de sol, la tendrás. Yo la exigiré; pero esperaré, con mi ciencia de gobernante, a que las condiciones sean favorables.*

— *¿Cuándo será eso?* —preguntó el Principito.

Consultando un gran calendario, el Rey le respondió:

— *Será esta tarde, a eso de las siete cuarenta* —justamente la hora de la puesta de sol— *¡y ya verás cómo soy obedecido!*

Luego explicó:

— *Si yo ordenara a un general convertirse en ave marina, y el general no obedeciera, no sería culpa del general, sino mía...*

A veces le ordenamos a la realidad cosas que no puede cumplir, y nos frustramos.

En otras ocasiones exigimos a nuestra familia, cónyuge, hijos, justamente eso para lo que se encuentran poco dispuestos o dotados.

Habrás notado que hay personas que pueden apoyarte casi en todo lo que quieras: sacarte de un apuro, defenderte, hasta prestarte dinero, pero siempre habrá algo que no está en ellas dar, bien sea por sus condicionamientos o por sus creencias. Tal vez te presten hasta su coche, pero no su *tupper ware*.

¿Por qué nos empecinamos en pedirle peras al olmo? Para gobernar bien nuestra vida, debemos ser como el sabio Rey de El Principito. Cuando seas capaz de exigirte lo que sí puedes dar, cuando te atrevas a saltar al vacío, se te darán alas para volar. No antes. El paso que darás tal vez carezca de lógica, pero no de sentido, pues pertenece al ámbito de lo espiritual.

Vale más la experiencia de vivir la vida
que los esfuerzos por descifrarla.

Aunque sientas que avanzas en la oscuridad, podrás escuchar tu voz interior en esos disparos de luz que te da de vez en cuando. Tu existencia es como un gran ventilador en movimiento, que te permite respirar a todo pulmón, sentirte vivo a cada momento. El aire fue para el filósofo Anaxímenes de Mileto el *arjé* o principio de todo cuanto existe. Sin aire no hay vida; ¡nos asfixiamos! Y sin movimiento no percibiríamos la existencia de ese elemento vital.

Tu vida requiere que generes, con el movimiento, ese viento fresco que vivifica y energiza. Así como las olas del mar, en su furia y belleza, son producidas por el viento, tú también necesitas reconocer dentro de ti esa maravillosa máquina de poder y sus tres imprescindibles aspas, que te darán impulso interior, incluso en los momentos más difíciles. Estas son: **Pasión, Acción y Dirección.**

Pasión

Seguramente has reconocido en tu interior ese elemento explosivo llamado "pasión". Cuando realizas algo con pasión, te llenas de energía. La pasión no se finge, pero requiere tener un propósito que se conecte con tu ser más profundo. La pasión es la chispa vital que nos anima, impulsa y mueve a seguir todas esas cosas que le dan sentido a nuestra vida. Sin embargo, por sí sola no conduce al éxito, ya que puede extinguir con el mismo ímpetu que aparece.

Acción

La vida es movimiento, y como todo verbo, se conjuga también en gerundio: estás viviendo, amando, y vas construyendo tu realidad. Tomar acción te permite conocerte, conocer a los demás y construir tus relaciones. La ejecución es crucial en tu existencia; sin acciones, todo se queda en pensamientos.

La acción permite salir del engaño de la MENTE QUE MIENTE, que te muestra la foto, pero no la película que está siendo rodada y de la que eres protagonista. Con tus acciones construyes la realidad verdadera.

Dirección

Es aquello que le da fundamento y significado a tus acciones y motoriza tu pasión más profunda. En las relaciones desnudas, es crucial compartir esta dirección; se requiere tiempo, silencio, descubrimiento y honestidad personal para conectar con tu dimensión espiritual. Sin esta aspa, tu vida carece de la energía necesaria para salir adelante en circunstancias adversas, y te impide compartir con los demás la riqueza profunda que da el asumir tu misión. Quien se mueve hacia su evolución encontrará a otro que también avance hacia el mismo destino; el que goza de energía interior y la proyecta, atrae eso mismo.

Sólo quien haya encontrado sentido a su vida, podrá establecer relaciones desnudas.

El neurólogo, psiquiatra y filósofo austríaco Viktor Frankl afirmó: "Solamente en la media en que realizamos un *para qué* de la vida, realizamos una misión, cumplimos con un deber, y en esa misma medida nos realizamos a nosotros mismos".

La energía con sentido

Un **vitabyte** es la unidad en que se mide la energía vital que sentimos y proyectamos cuando estamos bien y vivimos de acuerdo a lo que somos. Es el resultado de una vida con coherencia, y de la capacidad de corregir cuando hace falta.

Es esa infoenergía positiva que eleva tu potencial interior de vida para hacer que mejore tu realidad, impulsándote a llevar a cabo acciones de manera constante para lograr tu propia realización. La infoenergía conlleva el sentido de nuestras aspiraciones; sin embargo, esta información en sí misma no nos cambia. Las ideas por sí solas no transforman.

La verdadera transformación requiere de infoenergía, decisiones y acción. A partir de tu energía enraizada en tu sentido de vida, tomas decisiones honestas, únicas, con convicción, que te llevan a acciones poderosas y generan riqueza, no solo material.

Una persona mental, que dedique todo su tiempo a pensar, funciona con bajo voltaje de vitabytes, y por ende piensa cosas que no convierte en realidades; promete mucho, pero termina por no ser coherente ni cumplir su palabra.

Quien solo se dedica a pensar sin moverse y se aísla de las relaciones, o las establece con velos y máscaras, tendrá bajo voltaje en vitabytes. En cambio, quien alimenta su infoenergía y toma decisiones, genera riqueza y prosperidad a todos los niveles.

Para elevar el nivel de infoenergía
no hay que teorizar ni vivir pensando, sino actuar.

Yo lo llamo "Ejecución Basada en Evidencia de la Realidad", y consiste en:

- Observarte sin juzgar tu persona o tus acciones.
- Notar lo que observas sin calificarlo de bueno o malo.
- Reconocer de qué eres capaz
- Escuchar los mensajes que la realidad cotidiana te van presentando.

Siguiendo estos sencillos pasos, podrás encaminar mejor tus acciones; pretender hacer esto mismo solo a nivel mental, mediante ilusiones, juicios sobre ti mismo o abstracciones, es un despropósito.

Por mucho que pienses en algo que deseas, si tu nivel de infoenergía está bajo en vitabytes no podrás lograrlo, aunque quieran convencerte de lo contrario.

Lo que necesitamos saber está frente a nosotros;
solo necesitamos aprender a escuchar
y mirar con ojos nuevos.

Capítulo 4

Relación desnuda contigo mismo

Para entrar en el cuarto de la abundancia, la llave maestra se encuentra en las relaciones sanas. Una buena relación con tu pareja implica ocuparte de tu relación contigo mismo: dedicarte a tu crecimiento, a tu pasión por vivir y a crear tu sentido de vida.

La plenitud tiene que ver con encontrar la serenidad de tomar lo que te ofrece la vida y ser agradecido; deja de creer que eres lo que piensas o lo que has sido; nada de eso es real.

Lo que alimenta el alma del ser humano son las relaciones desnudas; gracias a ellas te vinculas con proyectos, personas, cosas, objetivos, recursos... Y esta vinculación rebasa el mundo mental.

La vida es un juego de conexión, de relaciones, de unión contigo mismo y con otros seres humanos, otros seres vivos, los seres inanimados, y lo espiritual, Lo Eterno.

Jamás aprendemos a relacionarnos sanamente; desde pequeños las relaciones enfermas vividas desde el hogar nos llevan a negar nuestra dignidad e identidad. Las relaciones enfermas nos enferman, y por eso preferimos evitarlas, aunque de este modo perdemos también la oportunidad de realizarnos y de lograr vínculos verdaderos.

La realidad baila con nosotros y nos muestra aquello que nos hace seres espirituales, capaces de pasar por encima de nuestras propias limitaciones temporales, convirtiéndonos en inspiración para nosotros mismos y para los pocos que, con consciencia, nos observan y nos imitan. Esto solo es posible en las relaciones desnudas.

Una relación desnuda se desarrolla en tres dimensiones: asume la pasión, acción y dirección de las que hablamos antes, como las aspas del ventilador que nos dan aire fresco. Trasciende las meras ilusiones de los primeros encuentros o planes, para luego actuar y dar sentido y dirección a lo que se lleva a cabo.

Te comparto tres frases para que las leas y tomes un momento de silencio; trata de sentir lo que producen en tu interior:

- ◆ Soy un ser en relación.
- ◆ Para sentir aprecio, tengo que ser fuerte.
- ◆ Para ser fuerte, debo relacionarme conmigo mismo con aprecio.

Lo que eres depende de la calidad de tus relaciones con toda tu realidad. En el resultado final, todo cuenta: lo que tú y los demás hicieron para estar ahí. Creer que fuiste tú solo quien lo logró es un error, y es un acto de consciencia el ser agradecido.

Como seres temporales, nos vamos desarrollando a lo largo de este lapso entre el nacimiento y la muerte, que llamamos vida, y en el proceso nos vinculamos con los demás, con nuestros proyectos, con nosotros mismos, con lo espiritual. Sin embargo, es de la relación contigo mismo de la que parte todo.

¿Cómo te hablas? ¿Cómo te observas? ¿Cómo te aceptas?, ¿Cómo te miras sin juicios? ¿Cómo te conoces, asumes y compartes?

Eres un presente;
posees un don que solo tú puedes aportar...

Eres un presente, pero solo cuando aprendes a vivir y amarte en el presente. No podemos conocer y amar al otro si primero no nos conocemos y amamos a nosotros mismos; saber quién soy es determinante para saber qué me puedo exigir, qué puedo dar.

En mi curso de Reingeniería Personal pongo este ejemplo. Si le pregunto a una máquina de escribir qué es, me dirá: "Soy una máquina de escribir, y puedo escribir todo tipo de textos; cuando presionan mis teclas, las letras quedan plasmadas en una hoja de papel".

Si le hiciera la misma pregunta a una computadora de última generación y me respondiera: "Soy un procesador de textos y siempre lo he sido; es lo mejor que puedo hacer". Nos quedaría claro que está omitiendo muchas otras cosas de las que es capaz; en otras palabras, hay un desperdicio de su potencial.

Con este ejemplo busco mostrar la importancia de definir correctamente lo que somos como seres humanos.

También suelo pedir en mis talleres que las personas se describan, respondiendo a la pregunta: ¿Quién soy? La premisa es hacerlo como si lo preguntara un extraterrestre que no tiene idea de la naturaleza humana, sus facultades, sentidos, cuerpo, posibilidades, cualidades, defectos, potencialidades, carencias, creencias, sueños, diferencias con otros seres humanos... En fin, esa mezcla particular que nos hace únicos y especiales.

El ser humano es un ser de costumbres. Si evalúas tus costumbres, entonces sabrás quién eres o en quién te estás convirtiendo. Reconocerte, y que tu mente lo registre como una percepción real, tiene que ver con tres aspectos:

- Saber quién eres
- Saber cuánto vales
- Saber qué puedes dar

En esto radica la base de la autoestima en un ser humano seguro; tu valor intrínseco es la brújula que te permite tomar riesgos en tus decisiones, logrando resultados originales y admirables para los demás. Esta es la gente que innova, que se lanza a poner un negocio, que establece un compromiso e inicia una relación.

Cuando logras el reconocimiento interior, requieres cada vez menos del exterior; este proceso se realiza con la ayuda del **SER SABIO** que todos tenemos dentro.

Si te tienes a ti mismo, nunca estarás solo; cuando eres buena compañía para ti, haces sentir especial a todo el que se relacione contigo, y es así como creas lazos nutritivos y valiosos.

Las personas con carencias afectivas, que solo buscan tomar antes que dar (aunque lo hagan inconscientemente), hacen que sus posibles parejas salgan corriendo.

Es muy distinto mostrar vulnerabilidad en una relación desnuda, entre iguales, que ser el que requiere de todos los cuidados y pretende que alguien más se haga cargo de su vida.

No es justo ni amoroso que solo uno tire de la carreta, mientas el otro va dormido en ella; puede pasar que al caer en un bache, salga disparado y caiga inconsciente, mientras el otro siga su camino sn siquiera notar su ausencia, pues ya estaba acostumbrado a sentirse solo.

El miedo a quedarte solo es una mentira de la **MENTE QUE MIENTE,** que te lleva a hacer cosas desatinadas; un buen ejercicio para superarlo es analizar objetivamente la realidad, más allá de los condicionamientos y patrones impuesto o aprendidos.

Para ello, te propongo leer y responder los siguientes ítems:

Soy un ser humano, y como tal...

Mi cuerpo hace todas estas maravillas:

_____

Mi inteligencia me permite todo esto:

_____

Mi mente me engaña con estas ideas:

_____

Me he observado y he visto que soy capaz de:

_____

Aunque nunca lo he intentado, confío en que soy capaz de:

_____

Otros reconocen en mí estas cualidades:

_____

Yo veo estas cualidades en mí y las asumo con responsabilidad:

_____

Reconozco que tengo estos defectos:

_____

Otros se quejan de estos defectos en mi persona:

_____

Me molestan sobremanera estos defectos en los demás:

_____

Me falta avanzar en:

_____

Sueño con lograr lo siguiente:

_____

Mis actos amorosos consisten en:

_____

Me relaciono sanamente de esta forma:

_____

No me gusta relacionarme de esta manera:

_____

Me distingo por estas cualidades, sueños, convicciones, acciones:

_____

No quiero esto en mi vida:

_____

Quiero esto en mi vida y trabajo cada día para conquistarlo:

_____

Relación es Responsabilidad

Toda relación desnuda implica responsabilidad, involucrarse con el otro. Por lo que debes preguntarte: ¿Quieres una pareja que sea tu igual, o prefieres dádivas piadosas?

Si optas por esto último, con tus actitudes, no te asombres cuando llegue una nueva pareja que aprecie más a tu amado; una que sí sepa y quiera establecer una relación madura.

Una persona insatisfecha se relaciona mal con su ser y su deber ser; no puede aceptarse tal y como es, con fallas y defectos y, en vez de mejorar, gasta su energía en renegar de sus limitaciones.

A veces tomamos el papel de víctima, diciendo: "me hicieron", "me traicionaron", cuando en realidad, hay una parte del asunto que nos corresponde. Cuando alguien "hace" es porque el otro "permite". Vale la pena entonces que cambies tu discurso por uno de responsabilidad, en lugar de decir: "mi pareja me hirió todos estos años", puedes reconocer: "todos estos años le permití a mi pareja herirme". Solo desde la responsabilidad personal es posible lograr un cambio, porque asumir te da poder, mientras el victimismo es una posición de indefensión.

Nuestra tendencia es a lamentarnos por los errores y los "hubiera". Preferimos culpar a los demás, sean nuestros padres, la educación, los maestros, el gobierno, la pareja, los hijos, las circunstancias... La responsabilidad es una oportunidad para llenarte de energía: si todo depende de ti, entonces puedes hacer mucho a tu favor; si gracias a ti llegaste a donde estás, significa que puedes moverte a cualquier otro lugar.

Decíamos que los agujeros negros —esos misterios de la astronomía— chupan la luz del Universo; del mismo modo, quien es pura necesidad no brilla ni deja a los demás brillar; excepción hecha, claro está, de los recién nacidos, pero este libro no está dirigido a ellos, sino a los adultos que quieran renacer.

En lo más profundo de tu ser, eres relación; la manera como te relacionas contigo mismo determina cómo actúas en la vida: mientras más sanamente te relaciones contigo mismo, con tus defectos, tu pasado y tus heridas, mejor persona serás.

Micro conductas valiosas

Las micro conductas son acciones simples que logran impactos elevados en nuestro interior: puedes hacer algo pequeño que te acerque a ese lugar increíble donde te espera una mejor realidad; lo importante es dar el primer paso. Consisten en pequeños cambios en tus hábitos cotidianos que paso a paso te van permitiendo establecer una mejor relación contigo mismo. Son prácticas que a mis alumnos les han dado grandes resultados.

Estas acciones requieren poco esfuerzo y son simples de realizar, pero pueden marcar una gran diferencia en tu vida, y son:

1. Aprender eso que has querido hacer

Quizás sea bailar, aprender otro idioma, cantar, tocar un instrumento, bucear. Busca academias, amigos interesados o cursos, y esta misma semana inscríbete en uno.

Cuando la mente esté ocupada en aprender no te molestará para impedirte lograr grandes cosas en tu vida. Cuando tenemos la mente ocupada no extrañamos a nadie, dejamos de tener tantas preocupaciones y de pensar en las tragedias que podrían sucedernos, y sobre todo, dejamos de sentirnos solos, inútiles, tristes, no queridos, abandonados e insatisfechos.

2. Invita un café

De modo sincero, escribe a las tres personas más fascinantes que conozcas o quieras conocer, diciéndoles: "¿podemos tomarnos un café? Me encantaría conocer más sobre tu trabajo o tu forma de ver la vida". ¿Qué pierdes con intentarlo? ¡Toma la iniciativa! Te encantará el resultado. La vida se enriquece de experiencias y es lo mejor que tenemos para compartir.

No se trata de lo que sabemos, sino de cómo hemos vivido y qué hemos sentido. A todo el mundo le gusta hablar de sus vivencias; el ser humano tiene necesidad de sentirse visto, oído, captado en todo su interior y exterior.

3. Haz dos listas

Una primera lista que diga las diez cosas que vale la pena hacer antes de morir, y una segunda lista de los diez motivos por los que tu vida ha valido la pena. Cuando yo terminé de hacerlas, se me salieron las lágrimas, y hoy sé que estoy en el camino correcto. Te invito a emprender el tuyo.

Una de las cosas que quise hacer antes de morir fue concursar en un evento internacional de magia, así que me fui a Argentina a concursar en Innovación en el Campeonato Latinoamericano de Magia, llamado Flasoma, junto a reconocidos magos de todo el mundo. Era el único mexicano concursando en la categoría de Innovación.

Contraté a una artista argentina para que me acompañara a presentar la ilusión de la levitación; ensayaríamos cuatro días, y el quinto sería la presentación. Ella vino al primer ensayo, y aunque había que pulir algunos detalles, salió bastante bien; pero ya no asistió ni el segundo ni el tercer día, y conste que el truco era de levitación, ¡no de desaparición!

Fui a ensayar en el teatro de Buenos Aires para poner las luces en el escenario, y no tenía con quien presentar el truco al día siguiente, así que ensayé solo. Puse luces y efectos de sonido, y marqué los tiempos de mi acto. Terminé de dar algunas indicaciones y me fui a comer con mi amigo, el mago Gamini, quien me preguntó qué pensaba hacer; yo le respondí: *"Ya la realidad me dirá."*

Confieso que pensé que había sido un tacaño, por no haberme traído a una de mis asistentes de México para realizar el acto.

Fuimos a comer y coincidimos con un amigo chileno, quien llevó a su novia Caro, quien era asistente de magos. Le pedí que me permitiera contratarla para ensayar esa tarde y poder presentar el acto al día siguiente; ella sabía de la importancia del evento y accedió. Fue un alivio contar con su aceptación y disposición.

Me fui a ensayar de 6 pm a 12 pm, y al tener el acto montado, tuve que bajar al lobby del hotel a pedirles a cinco amigos magos que estaban ahí que me ayudaran a decidir algunos detalles pendientes.

Durante la presentación nos equivocamos; ella no se acomodó en el lugar correcto de las luces y hubo que corregir. Le dije al oído: *"Deja que esto salga, no importa que no sea perfecto".* Entonces nos relajamos los dos, y salió la levitación perfectamente.

Llovieron los aplausos, y al salir de escena lloré como un bebé; estaba contento de haber podido presentar el acto a pesar de las dificultades. Fue una experiencia única que, aun hoy en día, me emociona compartir.

Después, tuve que explicar la invención que diseñó mi socio Roay y que yo presenté por vez primera en ese concurso tan importante, ante jueces de varios países de Latinoamérica.

Al final del Flasoma 2017 en Buenos Aires, fui a la Ceremonia de Premiación, satisfecho por haber presentado la ilusión. El maestro de ceremonias comenzó diciendo: *"El tercer lugar en la división de Innovación se declara desierto"* ... "Segundo lugar en la división de Innovación: desierto". Y finamente escuché: *"Primer Lugar en Innovación del Flasoma 2017 es... ¡para el Dr. Roch!"*. ¡No podía creerlo! Subí al escenario desconcertado, pero muy emocionado y agradecido; todas las dificultades que había pasado dejaron de tener importancia; ahora estaba ahí, viendo que todo había valido la pena.

Este tipo de hechos se viven una vez en la vida, pero te los llevas para siempre. Uno de mis objetivos era explorar mi faceta de mago y hacerlo profesionalmente con algo que aportara valor, y al ver que era un hecho consumado sentí la energía del que cumple con un compromiso adquirido, que lo llena de satisfacción de largo plazo. Ojalá que esta anécdota impulse un logro similar en tu vida.

4. Hazles saber que les recuerdas

Basta un mensaje de *WhatsApp* o una nota de voz; un recado en el refrigerador, una tarjeta en el parabrisas... Siempre que un buen recuerdo de alguien venga a tu mente, escríbele a esa persona y dile: "Hoy me acordé de ti y te quiero enviar felicidad y bendición". Sentirnos valorados y recibir un mensaje que nos confirme que es así, genera un efecto renovador en nuestro interior que nos alegra el día; es un antidepresivo efectivo y sin consecuencias colaterales.

5. Dedica un minuto del día a no hacer nada

Repito: "nada de nada". Consagra un momento de tu día dedicándolo a "nada". Dedicarte a no hacer nada te permite realmente descansar y reponer energías; es una manera muy efectiva para eliminar estrés y restablecerte interiormente.

"No hacer nada" es hacer algo importante. En ese tiempo que tomas para "no hacer nada", cierra los ojos, respira y olvídate de todo; borra cualquier tipo de pensamiento que venga y déjalo para después.

Si dedicas con frecuencia un minuto "a la nada", harás cosas más productivas luego. Cuando sueltas el control das a tu cerebro la posibilidad de encontrar nuevas soluciones.

6. Sorprende a una persona esta semana

Puede ser un regalo agradable, una cara sonriente, un reconocimiento inesperado en público o en privado sin motivo alguno. No esperar a los cumpleaños para robar una sonrisa, hacer una broma agradable, cumplir un deseo para alguien que aprecias, dar bienestar; otorgar una propina inesperada, invitar a alguien a cenar; contribuir a una causa valiosa sin que te lo pidan; quedarte callado ante una gran ofensa; perdonar una afrenta pública con sencillez, o no exagerar un error del ser que te acompaña en esta vida.

7. Emprende el viaje de tus sueños

¡Organízalo ahora mismo! Comunícalo a tus contactos y comparte tu propósito con tus acompañantes de vida. Comienza el plan de ahorro y organiza cada detalle; trata de conseguir alojamiento gratuito mediante amigos, o vete a un hotel cinco estrellas si quieres.

Simplemente, no dejes para mañana la posibilidad de conocer ese lugar, de vivir esa experiencia y de hacerlo de manera diferente. Deja las excusas a un lado y ponle fecha, para que saborees el proceso de llegar a tu objetivo. Las cosas que se disfrutan desde el proceso son más sabrosas y logran un impacto mayor en tu vida.

8. Abraza a tus padres... ¡ahora!

Si todavía tienes padre o madre, abrázalos fuerte el tiempo necesario para decirles al oído lo importantes que son para ti. Cuando les damos tiempo de calidad a nuestros padres, comprendemos lo que a veces olvidamos: que siempre nos necesitan. Como hijos, tenemos la oportunidad de llenar sus corazones de cariño y afecto sincero, con un abrazo. A veces no valoramos lo que significamos para ellos.

Si tus padres han muerto, puedes abrazarlos en tu imaginación y tu corazón. No te preguntes si en realidad lo reciben; simplemente hazlo, y sentirás que tu interior se llena de paz profunda. Yo confío en que, aun después de su partida, pueden conectar con nosotros.

9. Agradece conscientemente

Haz un acto de agradecimiento consciente. Gran parte de la felicidad radica en dar sentido a las vidas de los demás. Toma valor y muestra tu agradecimiento en papel, palabras y objetos... cualquier recurso es válido.

El agradecimiento es una emoción muy elevada que incremente tu carga de vitabytes; es un acto de consciencia que nos lleva a recibir lo que la vida nos da y a hacer de eso algo valioso, digno de cuidado. Agradecimiento es apreciar las cosas positivas que nos pasan, a pesar del dolor y las penas de esta vida. Agradecer es un acto de gente grande y valiosa.

10.Has preguntas significativas

En lugar de preguntar: "¿cómo te fue?", "¿cómo estás?", usa una frase más inteligente, que haga a tus seres queridos pensar en los buenos momentos, como por ejemplo: "¿qué fue lo mejor de tu semana?". Tras la sorpresa inicial, lo siguiente es invitarlos a que te digan detalladamente lo que sucedió en su semana increíble, y puedan apreciar sus logros.

Este tipo de preguntas son integradoras, pues producen en quien la responde una reacción de verdadero interés en lo que le está pasando, permitiéndole valorar sus vivencias de una forma inmediata. Atrévete a hacer este tipo de preguntas no comunes, que enriquecen el día de quienes nos acompañan.

11.Imprime las fotos más valiosas de tu vida

Pégalas en tu oficina, refrigerador, cuarto o espejo; úsalas de separador o cuelga unos marcos en una pared, pero ten tus tres momentos a la vista cada día. Convive con ellos y saca de ahí la fuerza para hacer que tu día ordinario se vuelva extraordinario. Con tres fotos puede ser suficiente, pero quieres llena tu espacio de imágenes que te conecten con lo mejor de tu existencia.

Cada mes, o cada dos meses cambia esas fotos por otras tres que te recuerden instantes valiosos en tu vida. La vida está compuesta de miles de momentos, pero los perdemos de vista y nos sentimos decaídos porque no recordamos todo eso que enriqueció nuestra existencia y la de quienes nos acompañan.

Vivir es una oportunidad para ser acompañado por gente que enriquezca tu vida y te empuje a experimentar nuevos y valiosos momentos.

12. Lee un libro del tema que te apasione

Quizá te guste la filosofía, la historia, el fútbol o las biografías de personajes célebres; entra en una librería y comienza ese libro hoy. Investiga sobre eso que te apasiona. Como decía un hombre sabio: "más ignorante que quien no sabe leer, es quien sabiendo leer, no lo hace."

He notado que la opinión propia se desarrolla en las personas que leen. El proceso mental al recibir información por la lectura te permite generar un nuevo pensamiento, y ese proceso es creativo, original y, sobre todo, tuyo. Una persona que no lee terminará repitiendo lo que escucha en la radio, en internet o de las personas con las que habla. Para tener opinión propia se requiere leer.

13. ¡Desconéctate!

Esa libertad te permitirá centrarte en lo que ves, oyes, sientes o piensas; solo de ese modo volverás a experimentar la vieja sensación de pasear sin motivo, para tener paz. Es increíble la dependencia que se llega a tener de ese aparato tan extraordinario, pero al mismo tiempo tan esclavizante.

14. Cinco cosas gratuitas para mejorar tu vida

Elige la más fácil y comienza a hacerla ya. Cuando piensas en mejorar tu vida, el cerebro piensa en comprar, gastar o invertir, pero no siempre es así. Hay una infinidad de cosas que pueden marcar una diferencia en tu estado de ánimo y que no te costarán ni un centavo: puedes reordenar los muebles de tu sala o comedor, salir a caminar, platicar con alguien que tiene dificultades, escuchar a tu suegra, regar el jardín; tirar lo que no sirve, sacar la ropa que ya no te pones, pintar de otro color la pared de tu cuarto, poner un cuadro en otro lugar... ¡En fin! Tu creatividad es el límite.

15. Mejora el día de quienes te rodean

Rétate a despertar una sonrisa en aquella persona de la administración, el supermercado o la panadería; todos quienes de una u otra forma se enfuerzan por atenderte y generarte algún servicio o bienestar. No te costará nada, y sin duda, cambiará su día y el tuyo: un "buenos días", "¿cómo amanece?", "gracias, muy amable", o simplemente una sonrisa, siempre harán la diferencia... Nunca sabrás cuánto necesitaban que alguien lo hiciera.

16. No te guardes ese mensaje importante

Llevo años practicando este ejercicio en mis talleres, y es la forma más rápida y efectiva que he encontrado de demostrar a mis participantes que son capaces de despertar lo mejor en el mundo que les rodea.

Piensa cómo te sentirías si esa persona llegara a faltar. Tómate una hora y ve a buscarla, a su casa, al trabajo o donde se encuentre... aunque tengas que viajar a otra cuidad para encontrarla, no dudes en hacerlo. Mírala a los ojos y dile: "Aunque no te lo diga mucho, te valoro en mi vida" ... "Eres un regalo y un gran apoyo para mí..."

Simplemente ¡hazlo!: exprésate, y observa lo que ocurre.

El primer paso para el cambio

Para muchos de mis alumnos, las micro conductas han significado un primer paso en el proceso de mejorar sus vidas, una gran ayuda para encaminarse hacia la realidad que desean.

Con un pequeño avance en la dirección correcta se generan actos de aprecio propio que elevan tu autovaloración; no darás solución a los grandes problemas del mundo, pero sí mejorarán tu entorno, y eso en cierta medida es un principio.

Mi objetivo al escribir este libro es compartir aquello que pueda ser llevado a tu vida concreta de manera inmediata; estamos saturados de teorías, meras propuestas intelectuales, al grado de que me he referido a la "obesidad mental" como uno de los mayores males del hombre actual.

Las micro conductas son una oportunidad para liberar tu pasión por lo que eres, y descubrir en ti mismo a un ser humano mejor que el de ayer.

Es triste la relación del hombre actual consigo mismo, pues busca en el exterior lo que le falta adentro. Se levanta temprano para hacer ejercicios, trabajar, comer lo más rápido que puede; tiene citas, reuniones y compromisos, uno tras otro; sufre el tráfico, y llega al cine donde quedó en verse con su pareja, pues no quiere perderse la película de la que todos hablan y ya pronto quitarán.

De lo que se pierde, más bien, es de vivir; no alcanza a tomar consciencia del sentido de su vida, y de quién es en su interior. Eso es sobrevivir. Luego, le pide demasiado al amor, pues espera que una pareja llene todo el vacío que hay en su vida.

Aprende a vivir contigo

"Soledad" es no saber estar con uno mismo; quien no sabe vivir en su interior, encontrará muy difícil establecer relaciones significativas y duraderas. Lo superficial nace con fecha de caducidad cercana; solo alimentando desde adentro nuestras relaciones, se podrán mantener fuertes y nutridas.

Yo vivo con la misma persona desde que nací. Hoy lo llaman Dr. Roch, y he notado que es consultor y conferencista, pero también le gusta la música, toca instrumentos y practica el arte de la magia profesional. Más me parece una estrella de cine que un expositor.

Vive relaciones con pasión, busca seguir lo que Dios le pide. Se da cuenta de lo imperfecto que es, pero sigue adelante. Procura decir la verdad, cumplir su palabra y expresar afecto sin importar si los otros se molestan. Confía en su trabajo y su capacidad de generar abundancia, aunque a veces le da por dudar si vale la pena lo que hace. A veces es presumido, cobarde, ingenuo, y he decidido reírme más de él; de hecho, ha sido una gran terapia en nuestra relación. Abraza errores, como parte de quien es, sin pretender justificarlos.

Nunca me aburro con él, pues le encanta viajar y hacer cosas diferentes. Me gusta verlo experimentar retos y desafíos; entregar su confianza y observar qué pasa.

Sigo aprendiendo a cohabitar con él en su realidad, espíritu y cuerpo. He aceptado que sea incoherente, "bicho raro", lunático, romántico, cariñoso, atrevido, así como las consecuencias de todo lo que hace. Cambiarlo sería un error, porque atentaría contra nuestra esencia.

Ha sido mi primera relación, como una pareja, aunque lleve mi nombre y habite en mi cuerpo. Habla por mí, me dicta palabras cuando le ayudo a escribir, duerme conmigo, y sobre todo, me recuerda que él y yo estamos en este mundo para encontrar sentido y desarrollar nuestros talentos, creando relaciones constructivas y sanas.

Todo partirá de nuestra fortaleza interior para transformar la exterior. No importará qué tan malas sean las circunstancias exteriores, pues tendremos energía para salir adelante y construir una mejor realidad. Esto nos dará satisfacción y felicidad sin término, porque el Espíritu es eterno.

Esta es mi relación desnuda conmigo mismo. Te invito a hacer un escrito similar al anterior, donde para que conscienticas tu propia experiencia, escuchando esa voz interior que ha estado contigo desde siempre, que te acompaña, se alegra y sufre contigo en los diversos momentos de tu vida.

El verdadero éxito no es tenerlo todo exteriormente, sino realizarte en una sólida relación contigo mismo. Esto permite un nivel de satisfacción y energía, cuyos frutos nutren y llenan de abundancia.

El cambio no es atractivo para la mente y lo resistimos, pero el crecimiento y la transformación implican pequeñas mejoras que elevan significativamente nuestra calidad de vida. Piensa en algún pequeño cambio de tu día a día, como: desayunar mejor, dormir a buena hora, conseguir una almohada más cómoda, tener contacto con la naturaleza, tomar un momento para respirar. La expresión "me cambió la vida" a veces viene de esas pequeñeces que nos van llenando de alegría y paz.

La mejora de ti mismo parte de integrar todo lo que tú eres, sin juzgarte; se trata de aceptarte total y completamente sin tener que exigirte un modelo de perfección. Puedes partir de quién eres hoy y de lo que eres capaz; ponte metas y objetivos de mejora en pasos alcanzables de acuerdo a lo que has logrado.

Sé paciente y ten la disciplina de seguir avanzando día a día en esa dirección, hasta que te sorprendas viendo que ya eres lo que habías puesto en tu corazón como objetivo. Quien no avanza, retrocede, porque vivimos en el tiempo.

Es como si estuvieras sobre una caminadora gigante: la banda sigue moviéndose, y si no caminas, te llevará hacia atrás; si nunca te mueves, llegarás al suelo y quedarás lastimado. Si no estás mejorando, entonces estás retrocediendo.

En la palabra "cambiar" predomina un optimismo exagerado, como si pudieras alterar la esencia de lo que eres; también implica que, tal como eres hoy, no eres bueno. En cambio, la transformación reconoce que todo cuando existe es bueno, y que es posible sacar a la luz la perfección que subyace, permitiendo que lo verdadero se desarrolle por encima de lo falso.

Lo sensato es progresar en algo específico de manera gradual, como si en aquella banda caminadora de la que hablábamos, se vaya elevando grado a grado el ángulo de inclinación y podamos ir hacia la cima. Mientras el ser humano está vivo, está en movimiento, y la parte fundamental que se mueve del ser humano satisfecho, brillante, exitoso, sano, son sus relaciones.

Estamos todo el tiempo con nosotros mismos; por eso asumimos que no necesitamos escucharnos ni comprendernos. Con un hijo o una pareja, tratamos de ir a fondo en sus miedos, sueños, y en cómo podemos ayudarles, pero con quien tenemos esa responsabilidad es con nosotros en primer lugar.

A veces haces cosas que no comprendes, y no alcanzas a ver de dónde salió un determinado comportamiento. Por ello, además de observarte, necesitas escucharte.

En ocasiones, una parte de ti quiere algo en su vida, y otra parte tiene miedo de no lograrlo; es así que, además de desgastarte, inconscientemente puedes estar saboteando tus esfuerzos. Por ejemplo, entre una parte tuya que quiere emprender y ser artista, y otra que tiene miedo, puede ocurrir este diálogo:

— **Tu parte artista:** *Me gustaría dedicarle tiempo a la pintura.*

— **Tu miedo:** *Pero van a decir que eres irresponsable; debes dedicarte a tu familia. No tienes dinero ni tiempo para eso.*

— **Tu parte artista:** *Entiendo que sientas eso, y agradezco que te importe la familia y que yo sea responsable. Pero si pinto, voy a estar de mejor humor, más realizado, y mi familia va a salir beneficiada.*

— **Tu miedo:** *Pero no te vayas a volver un artista promiscuo, desobligado y que cae en adicciones, como tu tío Pedro.*

— **Tu parte artista:** *Muchas gracias por advertirme; voy a hacer todo esto con equilibrio y con responsabilidad.*

— **Tu miedo:** *Ahora es la pintura y después será la actuación, el paracaidismo, o ve tú a saber qué cosas. Estás abriendo una puerta muy peligrosa hacia la libertad, vitalidad y autenticidad. No fue eso lo que aprendimos de niños en casa...*

— **Tu parte artista:** *Te da mucho miedo que esto sea el principio de un gran desorden en mi vida, o que llegue a traicionar mis principios. Haré todo con responsabilidad, poco a poco, procuraré que salga bien.*

— **Tu miedo:** *Eso espero; de lo contrario, tomaré tus óleos y los perderé.*

— **Tu parte artista:** *Te comprendo. Hablaremos más tarde.*

Aceptación responsable

L a aceptación de ti mismo incluye soportar tus errores y hacerte responsable de sus consecuencias; sin embargo, no es lo mismo responder por tus actos y buscar una solución, que culparte y lacerarte por haberlos cometido: lo primero es productivo; lo segundo es inútil y daña tremendamente la relación contigo mismo.

La relación contigo mejora en base a actos, porque la vida temporal es siempre movimiento: no basta con hablar, pues las palabras no te mueven; solo los actos lo hacen. Las palabras pueden invitarte al movimiento, pero en esencia no son movimiento.

Cuando hablo de relacionarte de manera desnuda contigo, hay varias acciones esenciales para elevar la calidad de esa relación. Te comparto algunas de ellas:

Cura tus heridas

El inicio de la salud es reconocer que estás herido. No cualquiera acepta que sintió dolor porque tocaron su herida; la mayoría de las personas culpan al otro de ser el agresor y el que los dañó, cuando en realidad solo rozó un área que ya estaba muy lastimada.

Reconocer que el otro lastimó una antigua herida en ti, implica hacerte cargo de ella sin culparlo; cuando responsabilizas a los demás de lo que sientes, tu mente espera que sean ellos quienes modifiquen su conducta.

Mis alumnos me preguntan: ¿de dónde tomo la energía para curar mis heridas? Mi respuesta es que para sanar se requiere trabajo personal; ir a fondo, y en ocasiones, contar con la guía de una persona preparada para ayudarte. Sin embargo, existen algunas acciones muy sencillas para facilitar la sanación.

Cuando estás en un tratamiento médico te recomiendan comer bien, dormir, no estresarse, etc., yo te recomiendo lo siguiente:

• **Cuida la comida:** Es de donde extraemos energía de vida. Por eso es importante seleccionar aquello que comemos, pues tu forma de alimentarte puede elevar o bajar tu energía. Tener una alimentación inteligente para la curación de heridas significa consumir todos los nutrientes esenciales que necesitas para mantenerte funcionando en equilibrio: proteínas, hidratos de carbono, lípidos, vitaminas, minerales, agua.
Evita comer grasas en exceso, y disminuye la ingesta de carnes rojas o cerdo. Si, por ejemplo, te alimentas con almendras, nueces y arándanos, nutres tu mente y te vuelves más analítico. Si consumes proteínas, alimentas tu condición física, y si consumes suficiente agua, frutas, verduras, pescado, y además lo haces en buena compañía, alimentarás a tu espíritu.

Revisa tu relación con la comida y fíjate cómo te afectan los distintos alimentos. Esta alimentación inteligente tiene que enfocarse en lo real, no en lo teórico. En ocasiones la teoría indica algo genérico, y es posible que tú seas la excepción.

Créele a tu realidad; no a la teoría.

La energía que te da tu alimentación te invita a tener cierto tipo de conducta y emociones. Que tu observación te lleve a encontrar aquellos alimentos que te ayuden a sanar de acuerdo a tu situación de vida actual.

• **Realiza ejercicio físico:** Es necesario para elevar tu nivel de energía. Te ayuda a mantenerte en forma, con un peso saludable, mejora tu calidad de sueño, disminuye el estrés, fortalece tu corazón, te da fortaleza muscular, regula la presión sanguínea y mantiene el colesterol en niveles sanos.

Para mejorar tus niveles de energía, el mejor ejercicio es caminar. Hacerlo acompañado de alguien a quien aprecies, produce resultados extraordinarios para elevar tu capacidad de curación de heridas interiores.

Correr, bailar, el estiramiento, la natación, el yoga, y en general, todos los deportes, siempre son muy recomendables.

• **Respirar conscientemente:** Respirar profundamente y con ritmo nos ayuda a sanar. Quien no respira profundamente mantiene bajos niveles de energía, y seguramente vive estacionado en su **Mente Que Miente**.

Además de ser fundamental para vivir, la respiración está ligada a la capacidad de conectarse con las emociones y con la sensibilidad para captar la realidad. Una persona que no respira no siente. Una persona que teme sentir deja de respirar profunda y conscientemente.

La respiración es la madre de la energía vital. Al nacer necesitamos respirar, y al soltar el primer llanto recordamos que, para volver a sentir, a veces se requiere llorar.

Gritar en el bosque es otra manera de oxigenarte y de vaciar tus pulmones para que entre aire nuevo. Es el movimiento de la vida: tomar y soltar, disfrutando lo que dure el movimiento.

+ **Tener contacto físico:** Es tan importante, que los bebés que no son abrazados, aunque se les alimente y atienda en todas sus necesidades, no se desarrollan adecuadamente y pueden morir. Para sanar nuestras heridas debemos que procurar los abrazos, las caricias, mirarnos a los ojos y practicar los actos de ternura que mejor nos hagan sentir.

En el caso de estar en una relación de pareja adulta y comprometida, no hay como las relaciones sexuales para llenarnos de energía e impulsarnos a decidir y hacer cosas importantes y creativas en nuestra vida.

El acto sexual nos vincula profundamente con el otro y nos ayuda a sanar; es una poderosa forma de comunicación.

También nos vincula con el compromiso de formar una familia y lanzarnos a la aventura de compartir la vida.

- **Maneja tu dinero con inteligencia:** Saber gastar el dinero de acuerdo a tu realidad, te da energía. El dinero es energía de confianza. El dinero no es de quien lo gana o de quien lo tiene, sino de quien lo gasta. La gente que gasta sin control busca energía desesperadamente, pues está viviendo una sensación de carencia que no ha atendido. Escuché a un conferenciante señalar que, cuando compramos algo, no pagamos con dinero, sino con "tiempo-vida", dado que nos costó trabajo –que es "tiempo"– generar dichos recursos. Es así que, si queremos ser coherentes, deberíamos gastar solamente en aquello que nos hará la vida más práctica, cómoda, sencilla, que llenará nuestras necesidades y nos dará alegría. Mientras menos tenemos, más libres somos.

  Yo te recomiendo que inviertas en ti: cursos, lecturas, asesoría; privilegia las experiencias sobre los productos: mejor viajar que acumular lo último en tecnología; antes capacitarte que vestir ropa de marca.

- **Medita:** La meditación te permite silenciar tu MENTE QUE MIENTE, la cual siempre está discurriendo sobre lo ideal y podría llevarte a la locura, pues es capaz de sacarte de la realidad. La meditación te lleva a poner la atención en tu interior, el centro de control espiritual que te conecta con la realidad del instante presente, permitiéndote ubicar el movimiento interior y exterior para así conectarte con los otros y su situación. Esta acción de fortalecer nuestra interioridad, nos humaniza, poniéndonos en armonía con los demás y con la situación de adversidad o alegría que puedan estar experimentando. La vida no se trata de que todo salga bien; se trata de conectarnos, de relacionarnos con la vida misma y con todo lo que está ahí, de la manera más real y desnuda posible.

- **Establece compromisos:** Es otro gran generador de energía. Sin embargo, es percibido erróneamente como entregar la libertad a algo o a alguien; como una carga. Cuando te comprometes, tu luz deja de ser lámpara y se vuelve un rayo láser que logra un efecto muy superior; la energía que generas al tomar y cumplir compromisos te ayuda a cauterizar muchas heridas internas, produciendo un grado de seguridad y energía tan elevado que te llena de una paz interior profunda. Mientras mayor sea el compromiso cumplido, mayor será la energía que te dará ese acto de entrega.

  Yo recomiendo que desde que te levantes, arregles la cama tú mismo, para que empieces el día cumpliendo una tarea muy sencilla. Esta acción te da la energía para ir por los otros compromisos del día, y que tal vez impliquen un esfuerzo mayor. La satisfacción de un compromiso cumplido es un placer que no tiene comparación.

  Cuando lo experimentes y descubras sus beneficios, lo valorarás y no te será difícil en el futuro comprometerte y cumplir tus compromisos. Uno de los descubrimientos de la psicología moderna es: "Actúa para sentir; no esperes a sentir para actuar".

Yo le agregaría: "Actúa para sentir y, por lo tanto, para hacer realidad". Si actúas con alegría, la recuperarás; si sonríes, te sentirás alegre; si bailas, estarás feliz; si cantas, te relajarás. Si tienes actitud de rico, verás cómo el dinero llega a tu vida. El actuar tiene un efecto mucho más grande que el pensar o que el hablar. ¡Comprométete entonces con la acción!

• **Cuidado con la "Libertad del Taxi Vacío":** Hay quienes, por egoísmo, miedo o ignorancia, pretenden vivir solos, "libres" de todo vínculo o compromiso. Son calculadores –lo digo literalmente pues en mis seminarios los he visto usando calculadoras– en ver cuánto cuesta una relación, qué les implica y en qué ámbitos les estorbaría o causaría incomodidad.

Quieren sentirse "libres" de todo lazo, pues no han comprendido que la verdadera libertad es para relacionarse, emprender, tener propósito, entregarse.

El filósofo Carlos Llano nos da una distinción útil para comprenderlo: existe la "libertad de...", como capacidad de desligarse de algo para hacer otra cosa: "soy libre de ti", "soy libre de las circunstancias"; pero existe también la "libertad para...": "soy libre para amarte", "soy libre para comprometerme día a día". La libertad entendida como ausencia de vínculos se parece más bien a un taxi vacío: aunque el letrero dice: "LIBRE", no va a ningún lado; está expectante, esperando un pasajero, y tampoco gana nada en ese lapso.

- **Ríe siempre:** Reír es una acción poderosísima; pon atención a su valor y a lo que genera en tu interior. Además, la risa es contagiosa y alegra quienes te rodean. La mayoría de las heridas que tenemos se deben a que tomamos la vida demasiado en serio; al reír dejamos de darle importancia a lo que la mente dice que debería pasar, a nuestra seriedad excesivas; pasamos del drama a un estado superior de consciencia, liberando endorfinas que nos generan un estado emocional de alegría, energía, entusiasmo y plenitud. La risa genera el mayor nivel de vibración en nuestro campo electromagnético. Cada vez que te levantes, date el permiso de reírte de ti mismo, y tu nivel de energía aumentará de inmediato. En mis talleres, pido a los participantes que se permitan reírse de sí mismos, y que se lo permitan también a los demás; esto nos hace humanos, pues le resta seriedad a todo, facilita el aprendizaje y nos quita la idea de que nos faltan el respeto.

- **Duerme bien:** Parece algo simple y sencillo, tal vez porque no le damos a esto el verdadero valor que tiene. Los jóvenes se desvelan con facilidad y no miden las consecuencias: una persona se muere primero por no dormir que por no comer. Dormir es una fuente de vitabytes increíblemente poderosa. Saber dormir es un acto de consciencia natural que implica soltar lo que sucedió durante la vigilia diurna; es un pequeño morir cada día, sin saber si despertarás a la mañana siguiente.

Dormir es un proceso interior que implica dejar de pensar, dejar de preocuparse, detener el revoloteo de la mente y decir: "se terminó por hoy".

Dormir implica el acto humilde de saber que no pudiste terminar todo lo que te queda por realizar; muchas personas carecen de esta humildad y pasan noches enteras preocupadas por lo que tienen que hacer, o buscando la respuesta al desafío que el juego de la vida les presentó y que las ha llevado a tocar fondo.

No hay peor momento para ponerse a pensar en los problemas que cuando uno está agotado; todo parece sombrío, y no hay nadie con quien hablar. Como la heroína de Lo que el Viento se Llevó, es mejor decir: "lo pensaré mañana".

Recuerda que, en este juego de vida temporal, por alguna razón, rige la ley de "nadie tiene todo, ni al mismo tiempo". Tienes que valorar lo que sí puedes conquistar, y permitirte humildemente reconocer aquello que todavía no está a tu alcance; tal vez es la manera como el Creador nos obliga a descubrir que existe; que es real; que está aquí presente, como experiencia y no como idea o concepto... Aunque no lo creas. Hoy en día encuentro a mucha gente que no cree en la existencia de un Dios; viven desbordados, sin límites, pero cuando tienen un problema grave de dolor, muerte, fracaso, enfermedad, terminan recurriendo a Él.

El acto de rezar y pedir ayuda a un Ser Superior nos empuja a jugar de una mejor forma este juego de la vida. No se trata de "creer" en un Creador; se trata de experimentarlo como un ser real que está presente en y durante este juego, junto a nosotros, dentro de nosotros. ¡Qué increíble llenar de energía la vida con un acto de abandono y confianza, pudiendo dormir en paz, dejándolo todo en manos de Dios!

• **Comparte:** Compartir nos llena de energía. El juego de la vida tiene por esencia la conexión, y esta conexión tiene que llevar el propósito de compartir, de dar lo mejor al otro.
Este acto genera una gran fuerza, porque nos hace uno con todo lo demás. Cuando le das lo mejor a la vida, a los demás, a tu realidad, a la sociedad, al mundo, te lo das a ti mismo. Comprendes, entonces, que somos uno y que, al darlo, lo recibes. Entre más seres humanos sepamos compartir lo mejor de nosotros mismos, llegaremos a comprender que esa fuente de energía también lo es de bienestar y realización. Compartir es disfrutarte como transmisor temporal de un bien que no es tuyo, sino de todos y para todos; pero la MENTE QUE MIENTE, te impulsa a creer que es mejor que solo tú sepas el secreto, para que tú estés bien y no haya nadie mejor que tú.
Eso es parte de la mentira de la división.
Recuerda que la unidad es un tema del SER SABIO, mientras que división es propia de las consciencias pequeñas. En tu vida compartirás tus talentos, y también elegirás con quiénes compartir la vida misma.

Observa tu vida

Observar tu vida es la clave para descifrar hacia dónde te has estado dirigiendo. Lo fundamental es mejorar la realidad de todos los que viven contigo; no te enfoques en alcanzar los estándares que la sociedad te pide, pues ella valora más que tengas dinero a que estés sano y con un progreso espiritual significativo.

Vive tus relaciones de forma desnuda. Busca ver tu vida y la de los que amas, y descubrir si hay algún crecimiento hacia la madurez, hacia la abundancia, hacia la salud, hacia el logro de objetivos y metas que dignifiquen su experiencia; no te centres en cumplir las exigencias sociales que, pretendiendo hacer el bien, te estresan y te empujan a tomar decisiones que te alejan de lo que realmente te da bienestar.

Contar con aprobación social no es tan importante como sentirte pleno y realizado, sabiendo que estás siendo coherente contigo y con la misión que tienes en esta vida temporal. No se puede tenerlo todo al mismo tiempo, así que opta por lo que vale la pena.

He trabajado con muchas personas en la *Maestría en Ti Mismo*; ellas me presentan sus retos, ambiciones, problemas y sueños, y siempre está presente el tema de sus relaciones, de su energía y de sus heridas. Las relaciones son el tema más delicado y determinante para el éxito, riqueza, salud y bienestar.

Vale la pena investigar al respecto y compartir con otros tu propia experiencia de vida. Escucha y pregunta a la gente que te rodea, y descubre el peso que tienen en su vida la calidad de sus relaciones. La depresión y la ansiedad son de los estados más dañinos actualmente; más allá de la cuestión médica, hablando a nivel del Espíritu, si estás dividido te sentirás deprimido.

Estar dividido es estar en conflicto entre ser y pensar, y tiene su origen en nuestra condición humana temporal: si no vivimos en el presente, nos deprimimos o caemos en la ansiedad.

Depresión es estar en el pasado que no aceptas o que te hace sentir culpable, y que la mente trae al presente como si estuviera sucediendo en este momento. La depresión trata de negar o de olvidar lo que fue y de lo que sientes vergüenza.

No permitas que tu mente se vaya al pasado, a menos que lo estés haciendo en el marco de un trabajo terapéutico. Evita quejarte y culparte de lo que pasó y que no hubieras querido que pasara.

La ansiedad se dispara cuando la mente te proyecta a un futuro incierto y catastrófico; la **MENTE QUE MIENTE** tiene suficiente imaginación negativa para producir ansiedad y depresión, sobre todo cuando se trata del futuro, pues no lo controlas. La ansiedad es producto del tiempo. La mente te hace creer que es necesario que eso que esperas suceda ya; esto te acelera y te genera impaciencia. Lo natural es saber esperar a que las cosas maduren en el tiempo y se nos entreguen.

Por más prisa que tengas de que llegue el nacimiento de tu hijo, deberás esperar a que se cumplan los nueve meses de gestación; tu ansiedad no ayudará a que llegue antes, ni a que nazca sin complicaciones. Tu mente se preocupa de mil cosas, y necesitas ayuda para mantener la confianza de que todo saldrá bien.

La **Mente Que Miente** cree todo lo que piensa como real, y por ello afecta tus emociones, pues sufres como real lo que tu mente proyecta hacia el futuro o interpreta negativamente acerca del pasado.

Como la mente no distingue entre realidad e imaginación, produce estados emocionales reales que dañan tu presente. Si permites que tu mente siga imaginando, tu cuerpo se estresará, y esto te llevará a comer de más, a gastar de más, a enojarte, a dejar de dormir profundamente, a ponerte de mal humor y a trabajar de malas, lo cual afectará tu salud y tus resultados.

Si estás en depresión o en ansiedad en este momento, haz ejercicios de respiración o ponte a realizar micro conductas. Antes de recurrir a medicamentos, recurre a tu consciencia, adopta conductas de apoyo y hazte preguntas que te lleven a conectarte mejor con tu verdadera realidad. Dominar a la **Mente Que Miente** es fundamental para establecer una relación desnuda y sabia contigo mismo.

Sé más inteligente que tu mente:
obsérvala y adminístrala.

El Viaje de Lourdes

Había una vez una mujer que lo dejó todo para emprender su mejor viaje, el viaje hacia su libertad, pero para alcanzar su verdadero destino, antes tuvo que vivir toda una vida...

La historia comienza así

Lourdes Vargas era una muchacha en edad casadera de una provincia de Guadalajara, en donde las mujeres se distinguen por la belleza y los hombres por machos y bravíos.

Sus padres constituyeron una de las familias más conservadoras, tradicionales y conocidas del pueblo. De su unión nacieron siete hijos: cuatro mujeres y tres hombres, siendo Lourdes la menor de todos ellos.

La educaron para atender y obedecer a los hombres, primeramente, los de su casa, padre y hermanos, y luego al que fuera su marido. Era una mujer bella de por sí, y los finos modales que le inculcaron en su familia no hicieron más que convertirla en una "mujer de aparador".

Por aquella época, en el pueblo se acostumbraba a arreglar los matrimonios "por conveniencia", en base a las relaciones sociales de entonces, y el caso de Lourdes no sería la excepción.

Conocidos por su trayectoria en la rama de la medicina, Los Elizalde, compadres de los Vargas, eran quizás una de las familias más ricas del pueblo. Con cuatro hijos varones, cómo dejar pasar la oportunidad de acordar un buen arreglo para emparentar a Lourdes con el hijo menor de los de los galenos, aunque éste le llevaba 17 años.

Nadie les preguntó si ellos deseaban hacerlo; ¿qué importaba? Tanto ella como su futuro esposo estaban destinados a permanecer juntos para toda la vida… ¡Ah! Porque era para "toda la vida"…

La boda se llevó a cabo una noche de octubre en una gran hacienda; desfilaban los más finos vestidos, los más vistosos peinados, y no podían faltar los más elegantes abrigos de pieles. Todos derramaban bendiciones de la boca para afuera, pero en los pasillos no faltaban comentarios como: "Pobre muchacha, tan linda… pudo casarse con alguien de su edad"… "Quién sabe cuánto habrán dado de dote para esta boda"… "Quizás ya esté embarazada, yo la veo pálida"… Ya saben: esas ideas crueles que todos hemos pensado, más no dicho.

Con los años, Lourdes se acostumbró a vivir "de acuerdo a las apariencias"; tuvo dos hijos, Aldo y Gustavo, y su esposo, el doctor Humberto Elizalde, se la llevó a vivir a la ciudad de México.

Lourdes no conocía otra forma de vivir, solo repetía el patrón de su madre: arreglándose cada día para los voluntariados a los que pertenecía, luciendo reluciente en la cenas acordadas por su marido, de punta en blanco para cada "fiestas de sociedad". Sin embargo, ella se sentía sola, triste… seca.

Sus hijos se criaron en las mejores escuelas de la ciudad, y ella aprendió a hacer lo mínimamente indispensable para ser feliz viéndolos crecer.

El doctor Elizalde era un cirujano muy prestigioso; no se sabe si amaba su trabajo u odiaba estar en casa, pero los constantes viajes a los que le obligaba su profesión lo justificaban de manera muy conveniente para no encontrarse nunca en su residencia.

Hasta cierto punto, Lourdes estaba conforme, y a veces hasta agradecía la ausencia de su esposo. A menudo, a solas, hacía lo que nunca haría en público: se vestía sólo con ropa interior y tacones, ponía música sexi y bailaba frente al espejo, viendo a la mujer más sensual que hubiera pisado la tierra.

Lo hacía con regularidad, mientras imaginaba tener un amante apasionado al cual poder entregarse de manera total y plena, pero a los pocos minutos volvía a su realidad, y de nuevo se cubría con aquellos vestidos que le llegaban por debajo de la rodilla y sus zapatos de tacón grueso de tres centímetros.

Tomaba su camioneta de lujo para hacer algunas compras, y en el camino, sin que nadie la escuchara, ponía aquella música nunca nadie debería saber que escuchaba, mientras se imaginaba bailando y dando vueltas en una pista a media noche.

Vivía entre su vida mental y su "realidad", aquella que le marcaban los cánones sociales más estrictos.

Dedicada a su familia y a que todo fuera perfecto, se olvidó de ella, y así pasaron los años… muchos años. La vida de Lourdes con su esposo era tan simple y superficial como peinarse: es algo que haces en automático y ya, sin pasión ni entusiasmo.

No había nada que la hiciera sentirse viva; sin embargo, no se daba cuenta, pues para hacerte consciente de algo necesitas conocer otra realidad. No sabes lo que no sabes, y Lourdes no conocía otra vida. Era muy dura consigo misma; se sentía tonta por no haber estudiado una carrera, y además se creía fea y vieja; siempre se comparaba con las demás, y no veía que en realidad era una mujer maduramente bella.

Tenía algunas amistades, la mayoría por compromisos sociales; siempre mantenía una postura erguida, orgullosa, elegante y fría; pero en el fondo envidiaba a sus compañeras del club, que reían a carcajadas y disfrutaban de su feminidad, desbordando felicidad. A veces pensaba qué se sentiría ser como ellas.

Lourdes no era una mujer espiritual; asistía a misa cada domingo, sólo por guardar las costumbres, pues ella no sentía que tuviera algo que agradecerle a Dios, más que sus dos hijos, esos dos motivos, que le fueron prestados como extensión de su carne. De no ser por ellos, hubiera jurado que su vida era obra de alguien que la odiaba; por eso era tan amargada y se lastimaba constantemente con pensamientos de desprecio y reproche hacia sí misma.

Aldo y Gustavo no soportaban que a cada minuto su madre les corrigiera cada acto, cada palabra, como si quisiera hacer una copia fiel de su personalidad en ellos. Los obligó a estudiar medicina, aunque sus hijos amaban el deporte y las finanzas respectivamente. ¿Cómo no iban a querer alejarse?

Todo esto le provocó "problemas" de salud, aunque más bien yo los llamaría "resultados" en su salud. Tenía problemas de presión y era diabética, lo que a menudo la tenía en cama u hospitalizada, y ya se había acostumbrado a manipular algunas cuestiones familiares con ese pretexto, solo que cada vez le funcionaban menos.

— ¡Qué va! Ya parece que alguien se fijaría en mí, si soy la más simple de las mujeres; no podría conquistar a nadie, si no puedo hacer siquiera que mi marido me vea con deseo; soy horrible, no sirvo más que para...no, en realidad no sé para qué sirvo. Soy una carga para mis hijos, y Humberto con su maldito trabajo, nunca tiene tiempo para mí. Deja ya de hacer el ridículo frente al espejo Lourdes; ¡eres una tonta bailando sola! A nadie podrías excitar...

En el fondo, Lourdes abrigaba la esperanza de que cuando su marido muriera –que era una probabilidad entre un millón, ya que era más factible que ella se fuera primero– y sus hijos se casaran, entonces quizás comenzaría a vivir, y hasta podría darse en secreto algún gustito con un muchacho más joven; al fin y al cabo, ella tendría dinero.

Este pensamiento le inyectaba un poco de sabor dulce a su amarga vida, aunque ella sabía que quizás nunca sucedería. Su hermana Elena le seguía en forma ascendente por edad y era, según Lourdes, "la más desafortunada de todos sus hermanos".

Elena tenía a Germán, un esposo excepcional: tierno, fiel, cariñoso, responsable y respetuoso; sin embargo, para Lourdes era un fracasado, porque trabajaba en el gobierno desde hacía 29 años, y su máxima aspiración era obtener una pensión al jubilarse. Ella siempre lo despreció, y criticaba a su hermana por haberse casado con él, en vez de hacerlo con el hermano mayor de su esposo.

Elena siempre le respondía que, a pesar de sus problemas ocasionales de dinero, ella lo amaba y se sentía afortunada de tenerlo en su vida. Elena y Germán tenían dos hijos: Julián, quien se había convertido en un hombre no muy productivo, y la tremenda Ariadna, quien había decidido divertirse al máximo cada día de su vida, pasara lo que pasara.

Lourdes no los soportaba; le decía a Elena que era una pésima madre al dejar que sus hijos tuvieran esa vida tan carente de aspiraciones. Elena era una buena mujer; amaba a su hermana Lulucita, como llamaba a Lourdes, y sabía que en el fondo la envidiaba por tener a su lado a un hombre que la amara, aunque no fuera rico.

Lourdes pertenecía a un club de señoras que se reunían cada semana, disque a hacer obras sociales con el dinero de sus maridos: Visitaban de vez en cuando una escuela o un hospital, aunque con caras de desagrado, ya que realmente no lo hacían de corazón, sino aparentando ser buenas personas y por "figurar" en sociedad.

Salvo una que otra, estaban ahí realmente por ayudar y hacer el bien, pero eran las menos; entre ellas estaban Martha Zaida, Malenita del Monte y Beatriz Alfaro.

Lourdes era déspota con algunas más que con otras; siempre quería dar la impresión de saber todo de todos los temas, no se diga los familiares.

Sentía un especial desagrado por Martha Zaida, quien se había divorciado en dos oportunidades y vivía la vida como le placía; disfrutaba y se divertía como loca. Tenía dinero para estar en el club, ya que había heredado un negocio familiar próspero, pero realmente no tenía una gran educación; a Lourdes le parecía vulgar e infantil; una simple mujer con suerte que se reía a carcajadas toda la vida.

Por el contrario, Martha Zaida procuraba siempre estar cerca de Lourdes, aunque ella la evitaba poniéndose a conversar con Amanda, quien también le parecía nefasta, pero menos vulgar que Martha Zaida.

Amanda era una mujer de 48 años; muy guapa, pero totalmente dependiente de sus estados de ánimo, altamente influenciable y con los miedos más terribles de su futuro. Siempre pensando en: "¿qué pasaría si...?", generaba todas las situaciones que su mente imaginaba; ella no sabía que lo atraía al pensarlo, pero los resultados obtenidos le hacían pensar que tenía razón.

Amanda vivía su relación con César como una montaña rusa: a veces estaba en la cima del éxtasis, y otras se hundía en el dolor y la decepción. Muchos la compadecían, aunque notaban que era adicta al sufrimiento y a las emociones extremas. Ponía todo el sentido de su vida en manos de su amado César: cuando se sentía querida, él lo llenaba todo y hacía que saliera el sol llenado todo de luz brillo; pero al menor desaire, se derrumbaban su castillo de arena, donde ella nunca había elegido ser princesa, sino súbdito, sometiéndose a los caprichos de aquel hombre, que era al mismo tiempo, su príncipe y su verdugo.

Una de esas tardes de club, Lourdes se encontraba tomando un café con aquel grupo de mujeres; platicaba con Amanda mientras evitaba cruzar miradas con Martha Zaida. Su teléfono sonó en repetidas ocasiones, pero al ser un número desconocido ella no se molestó en responder.

Minutos después, la llamada fue de Gustavo, su hijo mayor; estaba llorando y gritaba a su madre por el teléfono, porque no respondía las llamadas. Su esposo acababa de sufrir un accidente automovilístico grave en la carretera de regreso a la ciudad, después de una cirugía en Querétaro.

Lourdes salió corriendo del club sin avisar a nadie, dejando sorprendidas y preocupadas a las demás mujeres, y se dirigió de inmediato al hospital a donde estaban trasladando a su marido.

Aldo y Gustavo ya se encontraban en el hospital cuando ella llegó; no pudo evitar sentir en las miradas de sus hijos un dejo de reproche por la tardanza, o quizás por saber que aquel accidente podría ser fatal, y que ella no tenía el más mínimo interés en aquel hombre que estaba en el quirófano debatiéndose entre la vida y la muerte. Sus hijos estaban desconsolados, pero las relaciones que tenían en el hospital les daban ventaja para saber más detalles de cómo iba la cirugía. Sin embargo, la información era poca.

El accidente había sido mucho más grave de lo que imaginaron; a Humberto tal vez le tendrían que amputar ambas piernas. Lourdes lloraba, no porque le importara su esposo, sino por lo que implicaría que él quedaba impedido para hacer su vida normal... ¡Ah! Y también por lo que diría la sociedad.

A los pocos minutos llegó al hospital un hombre que no tendría más de 40 años, llorando desesperado y preguntando por su esposa, una mujer de 35 años.

Las recepcionistas le dieron información, pero Lourdes no alcanzó a escuchar qué le dijeron; sólo vio cómo aquel hombre se desmoronaba del dolor, mientras ellas le pedían que se tranquilizara y que esperara en aquella fría sala.

Pasaban las horas, y los hijos de Lourdes ya se habían encargado de avisar a los familiares más cercanos. Mientras ella pensaba en cada posibilidad y sus consecuencias, no podía evitar seguir viendo a aquel esposo, desesperado sin información de su mujer. Sintió pena por él, y cuando sus hijos salieron por un café, ella aprovechó para hablarle; le dijo que todo estaría bien, que ella también esperaba noticias de su esposo, quien había tenido un fuerte accidente en la carretera...

Mientras ella le hablaba, el hombre fue guardando silencio; entre otros detalles precisos, le preguntó en qué carretera había sido el accidente. Lourdes le respondía sin malicia, hasta que vio en el rostro de él una expresión que la hizo estremecerse.

Lourdes no tardó en comprender lo que él acababa de descubrir: su esposa iba también en el mismo auto. Sintió que la respiración le faltaba; le pareció que el tiempo se detuvo… No sabía qué hacer.

Cuando Aldo y Gustavo regresaron, vieron a Lourdes pálida, mientras aquel hombre se halaba los cabellos gimiendo de desesperación. Nerviosos, le preguntaron a su madre qué estaba sucediendo, y con voz casi imperceptible, ella les explicó:

— Al momento del accidente, su padre iba acompañado de una mujer, y este hombre es su esposo… –No hizo falta agregar más.

Tal vez no había motivos para pensar mal; Ana Claudia, como se llamaba la segunda víctima, podía haber sido una enfermera a quien quizás el doctor Elizalde le estaba dando un aventón. Sin embargo, tanto Lourdes como aquel señor sabían perfectamente qué situación matrimonial estaban viviendo.

Todas esas conjeturas mentales fueron interrumpidas cuando la enfermera salió a dar información de ambos pacientes, y todos en la escena corrieron a escuchar… Desafortunadamente el doctor Elizalde había perdido la pierna izquierda. Mientras Lourdes y sus hijos asimilaban la noticia, aquel señor se enteraba de que su esposa había perdido a sus gemelos de dos meses de gestación.

Lo vieron palidecer y caer de rodillas… ¡Estaba teniendo un infarto!… Él era estéril…

Las enfermeras corrían para salvar a ese hombre que ya estaba muerto en vida. Justo allí, con el alboroto, Lourdes recordó que el padre de Humberto era gemelo.

Aquello parecía una historia de terror. Aldo y Gustavo no podían emitir palabra; simplemente, sus cabezas mareadas y aturdidas no digerían todo aquello. Como hijos, no dejaban de pensar en el dolor de su madre, no porque amara a su padre, sino porque sabían la vergüenza y el temor al "qué dirán" podían matarla.

Por otro lado, aunque reprochaban mentalmente aquella actitud de su padre, su lado silvestre de machos les hacía entender que él se hubiera buscado a otra mujer.

Pasaron dos días para que el doctor Elizalde volviera en sí después de la amputación; aquel médico eminente, reconocido en todo el país, prepotente y muy hombre, gritaba como un bebé, como si su vida hubiera terminado. Tuvieron que sedarlo de nuevo para que no se hiciera daño.

Lourdes y sus hijos no le habían hecho ningún comentario acerca de todo lo sucedido en el hospital; creían que no era el mejor momento, aunque aquello les quemaba el alma, sobre todo a Lourdes.

Saber que su esposo iba con su amante en aquel auto, y que además estaba embarazada, le generaba una mezcla letal de odio y rencor aderezado con culpa, pues en el fondo estaba consciente de haber propiciado lo ocurrido, al menos indirectamente.

La nueva vida comenzaba; terapias físicas y psicológicas, enfermeras, medicamentos, aparatos, llantos, dolor... La vida que tenían antes ya no volvería nunca más.

Lourdes sentía una opresión en el pecho que no la dejaba respirar; pensaba que pasaría luego, cómo verían sus amistades que el gran doctor ahora requiriera silla de ruedas, que ahora ya no pudiera trabajar; cómo iría al club, de qué platicaría...

La traición de su esposo no le dolía por él, sino por ella... ¿A quién podría contarle...? Peor aún, ¿qué pasaría si alguien se enteraba y lo contaba a los demás? ¿Con qué cara iba a soportar semejante bochorno?

Se dio cuenta de haber vivido todos esos años en una burbuja de jabón, sin pensar que se podía romper en un parpadeo. Comenzó a albergar una gran tristeza y rencor.

Su teléfono tenía gran cantidad de llamadas perdidas: los familiares, los hermanos de Humberto, sus propios hermanos...

El apoyo era total, pero no suficiente; ella no soportaba que toda la atención estuviera sobre su esposo, después de la canallada que, según ella, le había hecho.

Gran parte de las llamadas y mensajes eran de Martha Zaida; aquella mujer era la última persona en el mundo a quien querría ver o siquiera contestarle el teléfono, y obviamente, nunca lo hizo.

Muy pronto Aldo y Gustavo tuvieron que volver a sus vidas de médicos; Humberto lloraba todos los días, pero esa mañana en que sus hijos se fueron, lloró mucho más.

Mientras las enfermeras lo atendían, Lourdes lo observaba con frialdad desde la orilla de la cama, diciéndole con la mirada todo aquello que su boca callaba; entonces se dio cuenta de que él lloraba con dolor del corazón. Comprendió que su verdadera tragedia era no saber absolutamente nada de aquella mujer que le daría dos hijos, y a la que seguramente amaba.

De manera silenciosa, ambos sentían una gran culpa: él por la infidelidad a su familia, y porque quizás le había quitado la vida a esa mujer y a sus hijos, y ella por no haber vivido nunca una relación de amor, de comprensión, de cuidado y respeto por aquel hombre que le había dado dos hijos médicos y una situación económica que muchos envidiarían. Sin embargo, su odio y su rencor eran más grandes que su culpa, y ella empezó a maquinar cómo hacerle pagar lo que le hizo.

Un día por la mañana, Humberto estaba frente a su balcón, llorando con rabia en su silla de ruedas; Lourdes se compadeció un poco y le acercó un vaso con agua para que tomara sus medicinas, pero él aventó todo sin siquiera tomar las cosas.

Lourdes se quedó petrificada durante unos instantes, pero por dentro sentía un ardor que no tardó en hacer la suficiente presión para que su mano se levantara, impulsándose hacia la mejilla de su esposo.

¡Aquella fue una escena épica!

Humberto pasó de su ataque de rabia a un estado de estupefacción que jamás había experimentado. Sus ojos casi se salían de sus órbitas... ¿Su mujer... golpeándolo?

Si se hubiera podido levantar de aquella silla, seguro hubiera sido el fin de Lourdes. Ella estaba tan sorprendida como él; sin embargo, su coraje le hizo mantener su postura firme y decidida, aunque por dentro estaba temblando. Aquel día todo cambió. Con su mano en la mejilla golpeada, Humberto le gritó:

— ¡Cómo te atreves! Después de mi tragedia (llanto) ¡Nunca lo creí de ti! ¡Eres un monstruo! ¡Golpearme cuando acaban de cortarme una pierna! ¡No tienes perdón de Dios! Después de todo lo que te he dado, ahora que ya no valgo nada, ¡me humillas así! Si tan sólo pudiera levantarme de esta silla... ¡Te echaría a la calle! Nunca has sido una esposa; jamás le diste calor a este hogar, ¡eres una frígida! Pero eso sí, viviendo a mis expensas, dándote lujos y una vida de reina... ¡Nooo! Corrijo: una reina tiene obligaciones, en cambio tú... Tú sólo eres buena para estirar la mano y recibir; no tienes corazón. Yo te amé; en verdad te amé, pero tu corazón de piedra no me permitió entrar nunca: siempre preocupada por la perfección, por tener sexo como si fueras una monja... Todo eso fue enfriando mi amor por ti, Lourdes. Si me quedé contigo, fue por nuestros hijos; pude permitir muchas cosas, ¿pero esto? ¡Humillarme ahora que no soy nada! ¡Prefiero morirme que ser golpeado y maltratado por ti!

Humberto había caído en el papel de víctima total; las quejas que gritaba eran en contra de la vida; solo pensaba en cómo lo juzgaría la gente cuando supieran todo lo que realmente pasó. Tal vez nunca más saldría de ese cuarto; no soportaría la vergüenza.

Por su parte, Lourdes se acababa de poner la máscara del control y la soberbia; ella no sentía en lo más mínimo compasión ni culpa.

No cabe duda de que estaban pasando por el peor momento de sus vidas, como individuos y como pareja, si es que alguna vez lo habían sido. Ni siquiera pelear sabían; se habían vuelto autómatas, viviendo a ratos en la misma casa, hasta que llegó ese día en el que por fin tendrían que convivir... lo quisieran o no.

En realidad, no se conocían; sólo sabían sus nombres. Ahora tendrían que descubrirse en una nueva realidad, en un nuevo escenario, en una nueva vida...quizás en una nueva muerte. La vida te pone a veces encrucijadas de este tipo para que crezcas, aunque la decisión siempre será individual.

Aquel golpe no había dolido tanto en la mejilla como en el alma y sobre todo en su orgullo de hombre; después de ese incidente, Humberto cayó en un estado emocional doloroso y humillante: lloraba, se golpeaba a sí mismo... La rabia le salía por los poros. Las escenas pasaban frente a los ojos de Lourdes como una película en cámara lenta; aquel instante era crucial en su vida: un movimiento en falso podía hacerle perder el control de la situación, y ella simplemente no conocía ese papel.

Aunque estaba asustada por su propia reacción, se mantuvo firme fingiendo rabia también; si bajaba la guardia, no habría valido de nada aquel impulso atrevido de golpearlo. Era una lucha de poder sin palabras; el que cediera, aunque fuera un milímetro... perdería.

Lourdes decidió entonces hacer la jugada maestra que terminaría de hundir a Humberto, dándole a ella el control total:

— Eres un demente *–le dijo–* Mírate llorando como un niño ridículo, después de todo lo que has hecho... ¡Infeliz! ¡Mentiroso!... Si bien sabes que ibas con tu amante en ese auto...

Hubo un momento de silencio, de esos que te hacen hundirte en la más profunda reflexión, y que duran lo suficiente como para dilucidar grandes verdades. Humberto dejó de llorar, y fue descubriendo su rostro poco a poco mientras guardaba silencio. Tenía una mezcla de sentimientos encontrados: nunca había visto a Lourdes actuar de tal manera; hasta le pareció estarla conociendo por primera vez.

Aunque ya era irremediable la confrontación, sentía un poco de alivio al saber que por fin podría tener noticias de Ana Claudia; al menos ya había un pretexto para poder decir su nombre, y eso le bastaba por ahora, aún a sabiendas de que se estaba abriendo la "Caja de Pandora".

Pensaba en que la mujer con quien se había casado hacía tantos años estaba mostrando por fin su verdadera personalidad. Sabía que aquella nueva vida sería muy dura; él amaba su trabajo, su libertad, su renombre, su reconocimiento, su prestigio...

Ahora estaba solo, postrado en una silla de ruedas, sin saber qué hacer y a expensas de una mujer a quien desconocía y que acababa de golpearlo sin contemplación.

Aunque lo que estaba pasando era muy grave, en el fondo a Lourdes *no le afectaba; sus celos más bien parecían formar parte de una pauta social, pero en realidad, su esposo le importaba poco.*

Lo que sí lamentaba era haber salido de su apacible vida cotidiana, y sólo pensaba en cómo volver a su "zona segura", aquella que ya conocía y que no le implicaba mucho esfuerzo. Le aterraba presentir que vendrían cambios y no saber siquiera cuáles eran; la incertidumbre la mataba.

Lo que sí estaba claro era que ella no sabía hacer nada distinto a lo que hacía a diario; separarse de Humberto sería su ruina... ¡Eso nunca!... Pasara lo que pasara... Luego de ese instante entre el reclamo y la reflexión, Humberto habló:

— Por favor... dime qué sabes.

— Sé lo suficiente para destrozarte el alma.

— Lourdes, por lo que más quieras... dime qué pasó con Ana Claudia...

— ¡Eres un cínico! ¿Pretendes que yo te diga lo que pasó con esa mujer? ¿Qué clase de estúpida crees que soy? ¡No tienes vergüenza!

— Te explicaré todo... por favor, dime que pasó ese día en el hospital... Me estoy volviendo loco entre la angustia y la culpa de pensar que la maté, o que la dejé inválida como yo...

En ese momento, Lourdes cayó en cuenta de que podía decidir entre fulminar a Humberto con la noticia de los gemelos, o más bien torturarlo con el silencio. Finalmente, optó por este último; la incertidumbre era una muerte mucho más lenta.

Humberto le estaba pidiendo un poco de compasión, pero ella no sabía lo que eso significaba. Lo más cerca que había estado de experimentar algo semejante era en las supuestas donaciones del club, pero para ella eran sólo un acto de presencia frívola e hipócrita. Pedirle empatía a Lourdes era como pedirle agua a una piedra.

Pasaban los días, y ambos continuaban adaptándose a esa nueva forma de vivir en una lucha silenciosa. Humberto no dormía imaginando qué sería de Ana Claudia; pasaba los días ideando alguna manera de poder contactarla, pero no sólo se lo impedía su propio entorno tan vigilado, sino también el hecho de que ella era casada. No sería fácil poder hablarle, si era que aún vivía.

Sus hijos iban a verlo de vez en cuando, pero él no se atrevía a pedirles ayuda para localizarla, por obvias razones. Tenía que encontrar la forma de salvarse de la ruina espiritual en la que estaba cayendo; como médico sabía que si se quedaba ahí postrado se iba a morir, y no quería hacerlo aún; no sin antes saber de Ana Claudia.

Lourdes tampoco estaba durmiendo bien; con frecuencia tenía una pesadilla en la que se veía en medio de muchas personas que la señalaban y se reían de ella; otros días se despertaba llorando, pensando en que si pudiera retroceder el tiempo tal vez haría las cosas de otro modo, quizás como su hermana Elena...

*La señora Elizalde no encontraba el motivo por el cual había llegado a este callejón sin salida; se daba cuenta de que había tenido todo para ser feliz, pero le había faltado **Pasión** por su matrimonio, **Acción** para impulsarlo y **Dirección** para saber qué quería hacer de su familia y de su vida.*

Ella nunca pensó en metas; solo sobrevivía al día a día.

Ocasionalmente se mostraba amable con su esposo y le llevaba sus medicinas, pero en otros momentos lo ignoraba cuando él le solicitaba ayuda para algo. No alcanzaban a armonizar, estaban desfasados con sus actitudes y no encontraban el ritmo.

Era evidente que Lourdes padecía el síndrome del "taxi vacío": según ella, libre, pero sola y sin rumbo; nunca había entendido el verdadero sentido de la vida.

Ella había pasado toda su vida pendiente del "¿qué dirán?"; actuando para que los demás pensaran bien de ella; por eso se aterró cuando Humberto habló de la posibilidad de ir en silla de ruedas a dar clases, pues a ella sólo le preocupaba que la gente se burlara de él, y sobre todo de su familia.

Humberto, Aldo y Gustavo la miraban esperando su opinión; sabía que si se negaba tendría serios problemas con sus hijos. Se estaba sintiendo obligada a hacer cambios en su vida y tenía miedo, pues se trataba de una situación desconocida.... No tenía opción.

Sintió una necesidad apremiante de salir de su casa hacia un lugar donde pudiera llorar en soledad; tenía una sensación que no sabía explicar, un vacío que era imperante llenar; se puso un abrigo y unos lentes y salió a la calle, aparentemente sin rumbo.

En el fondo sabía perfectamente a dónde se dirigía: llegó a una pequeña capilla que regularmente estaba sola. Lourdes no sabía a qué religión pertenecía ese templo; sólo sentía que era el mejor lugar donde podía estar.

Salió de su vehículo sigilosamente y entró lo más pronto que pudo al interior de la capilla, y al darse cuenta de que estaba absolutamente sola, ya no pudo más.

Lloró como nunca lo había hecho en su vida; se recordó a sí misma como la niña pequeña de bellos caireles que lloraba esperando el abrazo de sus padres, siempre atentos y amorosos a sus deseos, y anheló esa paz que sentía cuando estaba protegida entre sus brazos.

Entre sollozos se preguntaba "qué era eso que tanto le lastimaba"; ¿por qué no podía dejar de llorar como una niña? Estaba sorprendida de su desbordante dolor y dejaba fluir todo aquello que sentía; tratar de pararlo hubiera sido como detener una ola con la palma de la mano.

Lourdes comenzó a hacerse preguntas que jamás se había hecho: pensó en sus padres, sus hermanos, su adolescencia, y por supuesto su matrimonio... Recordó cosas que ni siquiera sabía que estaban en su memoria; era como si alguien le estuviera mostrando el libro de su vida.

Cerró los ojos y se dejó llevar, hasta que no supo más de sí. Cuando despertó, se sintió confundida; no sabía en dónde estaba; todo era extrañamente luminoso, y sentía su cuerpo tan ligero como el aire. De hecho, parecía que ni siquiera tenía un cuerpo.

Se levantó y comenzó a caminar lentamente por un campo inmenso; de pronto divisó a lo lejos a una mujer sentada en un columpio, y junto a ella otro columpio vacío se mecía suavemente, como si la estuviera invitando a sentarse en él.

Lourdes se acercó, y al mirar a aquella mujer, pudo darse cuenta de que era ella misma, pero en versión angelical; sin embargo, le era tan familiar, que no sintió asombro ni temor alguno. Al sentarse a su lado, ella le habló:

— Hola Lourdes... te estaba esperando...

— ¿A mí?

— Si, a ti...a mí.

— Y... ¿por qué me esperabas?

— Porque sabía que vendrías algún día.

— Y, ¿cómo lo sabías? No entiendo... ¿en dónde estamos?...

— Este el mundo de los **Seres Sabios.**

— ¿Tú eres una sabia? Creí que eras Yo.

— Lo soy, soy tu **Ser Sabio...**

— Sigo sin entender... Eres yo, pero yo no soy sabia... Ahora me doy cuenta de que he vivido en el error, el engaño y la apariencia toda mi vida; no sé por qué ahora veo tan claro todo lo que he hecho.

— Todos tienen un Sabio Interior, pero conforme pasan los años lo cambian por sus "reglas sociales". Tú crees que lo estás escuchando, pero en realidad terminas haciendo todo lo que la sociedad te dice.

— ¿Cómo que "creemos que lo escuchamos"?

— En el fondo, siempre escuchas a tu Sabio que te dice qué hacer; ustedes lo llaman intuición, o latido... Es cuando dicen: "No sé cómo, pero ya lo sabía..."; ahí es cuando lo escuchan, pero pocas veces le hacen caso, a pesar de que él es Sabio y siempre va a saber qué hacer...

Mientras continuaban meciéndose, Lourdes se quedó callada y miró al horizonte, como lo hacía su Yo angelical. Y preguntó:

— Y, ahora que estoy aquí, ¿qué se supone que debo hacer?

— Ya sabes qué debes hacer Lourdes; escucha tu intuición...

— ¿Aprovechar el momento y preguntar?...

El ángel se rió como una niña, y Lourdes entendió que esa era su oportunidad de aclarar todas las cosas de las que hasta ese momento no había logrado entender.

— Comenzaré por hacerte una pregunta: ¿Qué le falta a mi vida? ¿Qué me detiene? ¿En dónde está mi energía? ¿Dónde me duele?

— Esa no es una pregunta, son cuatro.

— Es verdad... pero las cuatro son igualmente importantes para mí; por favor ayúdame a responderlas...

— Lourdes, la vida es tan fácil... Para responder a tus preguntas, lo primero que requieres es "desnudarte".

Lourdes volteó a verla confundida:

— ¿Desnudarme...? ¿Aquí? –respondió, mientras miraba alrededor –Pero... Ni siquiera siento que tengo cuerpo... ¿Cómo me voy a desnudar? Y... ¿para qué haría algo así? No creo que sea necesario para contestar mis preguntas...

—No hablo de la ropa Lourdes; aquí no estás en el cuerpo físico. Hablo de desnudar el alma, quitarle el ropaje de las creencias limitantes...

— Explícame más, por favor... Todo esto es nuevo para mí y siento un poco de temor...No sé cómo hacerlo.

— Desnuda no lo piensas tanto... Desnuda tienes la atención en segundos... No necesitas magia; necesitas tu poder interior para lograrlo. No temes empezar algo nuevo, sino terminar lo de siempre. Desnuda no puedes engañarte... Desnudos miramos sin ego. Desnudos se siente todo....

— Está bien... Comenzaré...

Tomó una respiración profunda y se quitó todo el miedo a preguntar, pero sobre todo, se quitó esa costumbre de pensar que ella tenía todas las respuestas.

— Primero quiero saber a cuántas preguntas tengo derecho.

— Tienes derecho a todo; aquí no hay límites...

— Bien... Comenzaré: ¿Por qué no logré el amor en mi matrimonio? No supe cuidarlo, ni él a mí.

— No es amor Lourdes; es valoración. Y no es a la persona a la que tienes que cuidar, sino a la relación, porque las relaciones son dinámicas: cambian todo el tiempo. El verdadero matrimonio es interior: ocurre cuando se une lo masculino y lo femenino que hay en mí con lo masculino y lo femenino que hay en ti.

— ¿Qué? Eso no es el matrimonio para mí... Quiero decir... Yo pensaba que el matrimonio era otra cosa. Algo diferente...

— ¿Qué otra cosa? ¿Qué imaginabas?

— No lo sé... otra... algo muy distinto.

— Ah, eso "sentiste" ... ¿Y porque lo sentiste, creíste que así debía ser? Sentimos algo, y creemos que lo sentimos debido a lo que el otro hace; eso es flojera mental: la mente perezosa decide que creas eso.

— Para mí, un matrimonio perfecto es el que comparte un amor incondicional... ¿No es así?

— El amor incondicional no es amor; es "relación desnuda"; es amar sin esperar si la otra persona te llena o no. Tú le ofreces una relación que te das a ti mismo...

— Espera... estoy confundida; creo que no digiero esa información. Yo siempre he pensado diferente, y me cuesta trabajo cambiar esa información en mi cabeza, o donde sea que se genere este pensamiento...

— Los pensamientos están diseñados para no ser cuestionados... Si quieres ir más allá de tus propios límites y cuestionar tus pensamientos, debes ir a la fuente, al origen: la no-realidad...

— Pero... perdona... es que en el mundo del que vengo, todos piensan como yo: creemos que el otro debe hacernos felices y... ¡Espera!... ¿Pero qué tontería es esa? ¡No lo puedo creer! Ahora lo veo todo más claro... ¡Siento como si hubiera estado dormida todo este tiempo!

— La diferencia entre estar dormido y estar despierto es la frecuencia cerebral... Todo ocurre dentro de todos por igual, pero la frecuencia cerebral distorsionada nos hace percibir que el otro es diferente a nosotros... Cuando miro al otro, el origen es mi pensamiento acerca del otro; por lo tanto, el origen es mío. "El otro" no existe... "Los demás" no existen. Los seres humanos se manipulan unos a otros; no son conscientes de que mendigan felicidad. Por eso esa sensación de esfuerzo, de cansancio. Son la única especie del planeta que se cansa de vivir; le exigen a la sociedad y "al otro" que los haga felices... ¡Eso es chantaje!... Toda relación tiene un único objetivo, y es que yo sienta la aceptación total de ti.

— No sé en qué momento mi esposo y yo nos perdimos, cómo llegamos a solamente convivir...

— Yo diría que a sobrevivir Lourdes; convivencia es, ante todo compartir: participar en la vida ajena y hacer participar al otro en la propia. El propósito de la vida es crecer y compartir...

— Entonces... ¿De qué sirve el matrimonio? ¿No se supone que debería ser para toda la vida? Te comprometes con una persona y eso ya es garantía de que se quedarán para siempre felices... ¿o no? En el mundo en que yo vivía se suponía que debía ser así ...

— ¿Y tú qué piensas Lourdes? De acuerdo a los resultados que has visto en tu vida y en la sociedad en que vives... ¿crees que está funcionando?

— No... Pero entonces, dime ¿qué funcionaría?...

— Matrimonio, no. Llamémosla "Relación Desnuda".

— ¿De qué se trata?

— Es un acuerdo sin suposiciones y por un ciclo de tiempo, con plazos de entrada y de salida, porque es temporal, y todo lo temporal empieza y termina. A los seis meses o un año, discuten qué piensan, qué resultados tienen para renovar o no renovar. De esa manera, la relación se mantiene sana, porque se hablan las cosas; no se suponen. Los matrimonios se acaban por suposiciones... porque no aclaran. La idea de que "una relación es para siempre" ha traído muchos problemas, porque la conducta humana se eleva frente a la carencia y se rebaja frente a lo cómodo y seguro... Eso de "para siempre" lleva al descuido; como si ya no tuvieras que cuidar tu relación. Ninguna relación es para siempre, excepto la que tienes contigo... En una relación desnuda, la fidelidad sería mucho más posible, y las personas más Sabias afectivamente.

— Oye, pero... ese comportamiento se vería como poco civilizado en mi mundo; muchos pensarían que estamos retrocediendo, regresando a ser silvestres, ¿no lo crees?

— Los mamíferos no están diseñados para la monogamia, y el ser humano es mamífero. La naturaleza humana requiere estabilidad, pero no monogamia; se han confundido los términos, y por eso los matrimonios están teniendo cada día más riesgo de divorcio o infidelidades. Viven el amor sentimental de forma antinatural y lo practican de manera aberrante... Si se preguntan sobre los resultados de la monogamia y el matrimonio, tendrán que reconocer que son un error. La monogamia funcionó parcialmente cuando el hombre era poseedor de la mujer y ella era considerada menos que el hombre, pero en realidad, esa desigualdad no era una relación de pareja, sino de amo y esclava. Esto ha cambiado en gran medida, y las mujeres han ganado mucho terreno en diversas áreas, aunque no en lo que respecta al matrimonio.

— ¡Eso que me dices parece una locura!... ¡Pero es la locura más coherente que he escuchado en mi vida! Un día intenté hablar con mi mamá acerca de la situación en mi matrimonio; le dije que no era feliz con mi esposo, y me respondió que fuera paciente, que con el tiempo llegaría a amarlo. ¡Ahora entiendo que esa es una creencia limitante del año de las bisabuelas...!

— El tiempo no mejora en automático una relación; lo automático es la rutina y la vejez. En cambio, desnudos no hay máscaras: nos cuidamos o nos lastimamos, sin ego, juntos... desnudos, humildes. En una relación desnuda no se teme al fracaso; donde se teme el fracaso, no se mejora.

— Tú, que lo sabes todo... ¿crees que algún día el mundo cambie y aprenda a vivir en relaciones desnudas?

— Llegará el día en que dominen la energía de la relación, que es el vínculo del amor espiritual, y en ese momento, por segunda vez en la historia, habrán descubierto el fuego...

— Oye, ¿recordaré todo esto cuando vuelva a la realidad?

— Esto también es real Lourdes; tu Sabia es real...

— Bueno, lo sé y lo agradezco, pero... no tengo buena memoria, y no quiero que nada de lo hemos hablado se me olvide, porque ahora que lo sé, quiero regresar y cambiar mi vida, actuar distinto...

— La buena memoria es una cámara que solo toma momentos especiales; tú eliges cuáles... El gran error de la humanidad es creer que lo externo resuelve lo real: creer que el funeral es más importante que el difunto, la boda más que el amor, el cuerpo físico más que el espíritu, el envase más que el contenido, la belleza más que la salud, el dinero más que el valor... Y es así que también quieren resolver la vida desde afuera: el problema de ansiedad con pastillas, los problemas de ira con golpear a sus semejantes, los desacuerdos con alejarse o separarse....

— Amada Sabia... No quiero que a mis hijos les pase lo que a mí; deseo compartirles todo esto que acabo de aprender... ¿Cómo les enseño a darse cuenta si tienen una relación desnuda o no?

— Todo esto no lo acabas de aprender Lourdes; siempre lo has sabido. Yo vivo en ti desde hace centurias, solo que no me escuchabas; esta información siempre ha estado en ti. Solo hazles saber que la relación desnuda llega cuando estás listo, se va cuando no es real y vuelve si te pertenece...

— Está bien... se los diré... Y, ¿cómo resuelvo el gran problema de mi mala relación?

— No existen problemas grandes, sino personas pequeñas, y tampoco existen relaciones malas, sino personas enfermas viviendo una relación...

— Entiendo lo que dices, pero no puedo olvidar que él me fue infiel, que se fijó en otra mujer... Necesito superarlo...

— Cuando valoras lo que tienes, descubres que es todo lo que necesitas. Lourdes, no todo lo que ves y crees es real; mucha gente tiene sexo, pero es virgen de relaciones desnudas con vínculos de amor... Son soñadores mentales del mundo: mucho sexo sin afecto, muchos VIP en soledad... Mujeres queriendo estar más bonitas para salir con el hombre más rico, y hombres buscando más dinero para estar con las mujeres más bonitas. Todos saben el precio de todo, pero desconocen el valor de las pequeñas cosas, y viven vidas vacías de sentido. ¿Te has puesto a pensar en cómo se sentía él al verte enferma de seriedad? ¿Alguna vez te desprendiste de tu egoísmo y te pusiste en su lugar?

— No, no lo hice... pero no creo que a él le haya dolido mucho, porque nunca me dijo nada...

— Él te amó Lourdes, y sufrió por tu indiferencia; hay que ser muy valiente para estar roto y no hacer ruido al quebrarse. Deja de criticarlo... Deja de criticar a los demás... Tu visión negativa de las cosas se debe a que consumes basura de bajo voltaje en forma de comida, de noticias, de emociones densas...

— Es que no me gusta lo que pasó, quisiera que no hubiera pasado y que mi vida fuera distinta.

— Todos tienen la vida perfecta, la única que necesitan, la que les corresponde. Cuando le pides a la vida que cambie una situación, ella te contesta: "No te la quito; te la di para que cambiaras tú"...

Hubo un profundo silencio, y aunque allí no existía el tiempo, Lourdes sintió que fue una eternidad. Intentaba procesar toda esa información: sabía que su vida había sido una eterna crítica, comenzando por Martha Zaida, su compañera del club a quien tanto evitaba; pasando por su esposo, sus hijos y sus vidas... Después de eso, se abría un largo etcétera. De pronto, algo como un viento suave interrumpió sus pensamientos.

— Lourdes, sé que tienes dudas, porque tu mundo físico es así, lleno de cuestionamientos. Te voy a presentar a uno de los **SERES SABIOS** más sabio que ronda por aquí...

*Lourdes vio la figura de una bella anciana que se acercaba despacio; su elegancia, su sonrisa apacible y la seguridad que transmitía la hacían simplemente única; su cabello blanco brillaba como las nubes cuando las acaricia el sol, y el azul profundo de sus ojos era cautivador. Ante esa alma que inspiraba tanto respeto, Lourdes sólo pudo guardar silencio, mientras su **SER SABIO** le decía:*

— Te presento a Rita Levi Montalcini quien, en su faceta terrenal, fue la científica italiana Premio Nobel de Medicina, descubridora del Factor de Crecimiento Nervioso, y murió a los 102 años, además...

— Basta, basta... ¡Es suficiente! –dijo Rita, mientras sonreía a Lourdes *y tomaba gentilmente su mano.*

— Es un enorme placer, Rita –dijo Lourdes asombrada y honrada.

— Lo es más para mí, Lourdes...

— ¡Oh! Gracias, pero no lo creo... Usted es un Premio Nobel; en cambio yo no he logrado nada importante en mi vida; no sabe cuánto me hubiera gustado ser más inteligente, pero como ve, no logré nada de eso... Ni siquiera pude mantener mi matrimonio...

— Lo esencial es invisible a los ojos humanos; lo dice El Principito, ojalá lo leas... Déjame decirte que la inteligencia la tienes, como todos... y puedes desarrollarla aún mucho más.

Lourdes se quedó mirándola sin entender una palabra...

— ¿Yo? Discúlpeme Rita, creo que no se ha dado cuenta de que usted es una científica, pero yo no tengo poco sé más allá de mis experiencias... que tampoco han sido muchas.

— Sé que no eres científica, pero también sé que eres bastante inteligente, y ahora que has estado aquí, tus capacidades han crecido en gran manera...

— Rita, ¿cómo sabes cuándo una persona crece? —Preguntó Lourdes—.

— ¡Muy buena pregunta Lourdes! Una persona crece cuando se vuelve más inteligente, cuando aprende más rápido, cuando enfrenta la adversidad con optimismo y esperanza, cuando tiene buena memoria... Pero para que esto suceda, debe modificar la arquitectura celular de su cerebro.

Esto es lo que se conoce como Neuro-plasticidad cerebral, y es la clave fisiológica de eso que llamamos "crecimiento y desarrollo", ya que produce el incremento de la capacidad mental. La Neuro-plasticidad cerebral se estimula también con actividad física, la convivencia con personas con quienes tengas afinidad, una sana alimentación, la respiración adecuada y el descanso.

El ser humano está diseñado biológicamente para vivir atento, presente y preferiblemente relajado, no para sentirse asustado ni constantemente amenazado.

En resumen, las relaciones con los demás impactan en la paz y el crecimiento de los seres humanos; todos buscan la felicidad, pero está más cerca de lo que creen: felicidad en el plano terrenal no es otra cosa que estar rodeado de gente que te adora y que es capaz de apoyarte en momentos de dificultad. —Lourdes permanecía *impactada y con los ojos más abiertos que nunca*—.

— ¡Oh! –*dijo Rita*– Me disculpo por esta charla tan científica que acabo de darte; no conozco otro idioma, y me apasiona tanto...

— Rita, he aprendido más en estos minutos que en toda mi vida... ¡Te lo agradezco mucho...!

Rita abrazó a Lourdes, suavemente como se abraza a una hija; se dio vuelta, emprendió camino y lentamente fue desapareciendo. Lourdes y su **SER SABIO** *la vieron partir; luego se miraron, y sin pronunciar palabra se fundieron en un abrazo profundo que pareció eterno...*

Lourdes intentó abrir los ojos, pero su vista estaba nublada; a lo lejos escuchaba ese sonido peculiar del electrocardiógrafo marcando sus latidos, y de repente voces alteradas que no alcanzaba a distinguir. Poco a poco fue recobrando consciencia de su cuerpo y de su mente; sus labios estaban resecos, y tenía la sensación de que sus músculos estaban despertando, uno a uno.

Los sonidos se hicieron más claros... Alcanzó a reconocer primero la voz de su hijo Aldo, que llamaba a Gustavo y tocaba una especie de timbre que sonaba alarmante...

Sintió la mano de su hijo en su cara, mientras le decía:

— Mamá... ¿Me escuchas?...

Continuará...

Contenido

www.ingramcontent.com/pod-product-compliance
Lightning Source LLC
Chambersburg PA
CBHW032043090426
42744CB00004B/101